JN013267

教員・保育者を
目指す人のための

音楽理論

長友 洋喜　著

現代図書

はじめに

本書は、音楽におけるルールや規則を学ぶために書かれている。

ルールや規則という言葉が嫌われるようになって久しい。自由や多様性が叫ばれる現代、ルールや規則を批判の矢面に置くことは、最も端的でわかりやすく、受け入れられやすい図式なのかもしれない。

しかし、ルールや規則が全くなければ、自由や多様性の概念は生起しえない。制約があるからこそ、制約から自由になりたいという欲求が生まれる。その意味で自由は、ある一定のルールや規則の中でしか存在しえない。

だからこそまずは、先人の残したルールや規則を正確に知ることが肝要だ。あとに生まれた人間は、先人の残したものをなかったことにはできない。先人の残した枠組みに従いつつ、必要であればその枠組みのぎりぎりの部分を攻めたり、枠組みを崩して新たに作り出したりすることが、自由への欲求を叶えるためには必要なのである。

読者諸氏には、ぜひ、音楽について偉大な先人が受け継いできたルールや規則を知るために、本書を利用していただきたい。それは将来、子どもたちに音楽の自由や楽しさを教えるための、大きな第一歩になることであろう。

目　　次

第1章　音の高さについて

第1節　譜表

1-1-1. 五線と楽譜

　同じ間隔の平行線5本を、**五線**といい、音の高低を表すのに使う。五線より高い音、低い音を示したいときは、五線の上下に加線を引く。それぞれの呼び方は下の通りである。

上第2線	上第2間
上第1線	上第1間
第5線	
第4線	第4間
第3線	第3間
第2線	第2間
第1線	第1間
下第1線	下第1間
下第2線	下第2間

1-1-2. 音部記号

　五線上の音の高さを示す基準となる記号を、**音部記号**という。一般的にはト音記号（高音部記号）とヘ音記号（低音部記号）が使われる。

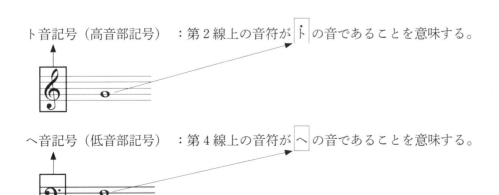

ト音記号（高音部記号）　：第2線上の音符が ト の音であることを意味する。

ヘ音記号（低音部記号）　：第4線上の音符が ヘ の音であることを意味する。

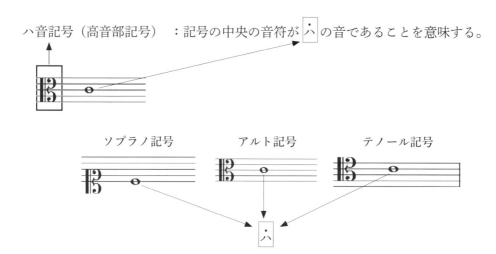

ハ音記号（高音部記号）　：記号の中央の音符が ハ の音であることを意味する。

ソプラノ記号　　　　アルト記号　　　　テノール記号

ハ

1-1-3. 大譜表

下のようにト音記号とヘ音記号を線とカッコでつないでできた楽譜を**大譜表**という。

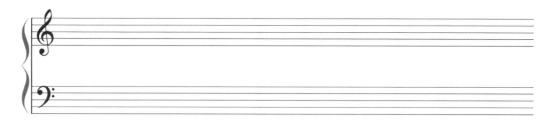

1-1-4. 総譜（スコア）

多人数で演奏する合唱、合奏などでは、それぞれの楽器の種類やパートの譜表を縦に結びつけた**総譜（スコア）**が使われる。

混声四部合唱用の総譜（スコア）

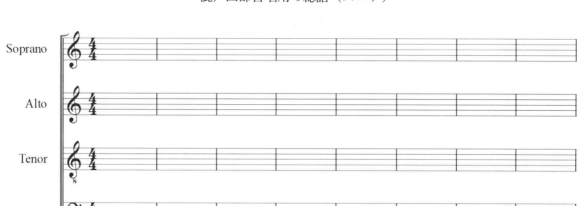

オーケストラ用の総譜（スコア）

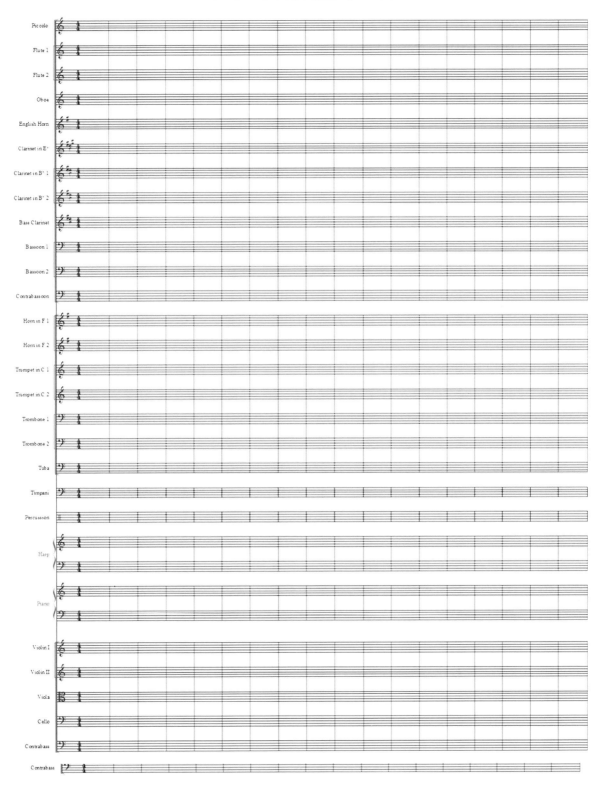

第2節　音名

1-2-1．音名と階名

それぞれの音には**音名**がある。音名は国によって異なる。

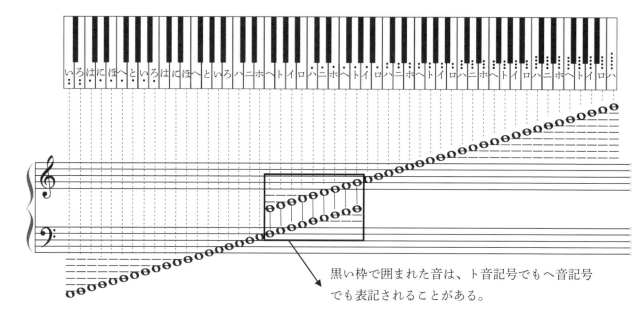

日本音名	ハ	ニ	ホ	ヘ	ト	イ	ロ
ドイツ音名	C ツェー	D デー	E エー	F エフ	G ゲー	A アー	H ハー
英語音名	C シー	D ディ	E イー	F エフ	G ジー	A エー	B ビー
イタリア音名	Do ド	Re レ	Mi ミ	Fa ファ	Sol ソ	La ラ	Si シ

1-2-2．ピアノの鍵盤と音名の関係

黒い枠で囲まれた音は、ト音記号でもヘ音記号でも表記されることがある。

このように音名は、同じ音名でも高さを区別することができる。よって音名はその音に固有のものである。それに対し、**階名**は調によって移動する。たとえばハ長調では、ハの音をドと読むが、ヘ長調ではヘの音をドと読む。

1-2-3. 全音と半音

ピアノなどの鍵盤楽器において、**隣り合う鍵盤同士**の関係を**半音**という。半音２つで全音１つ分になる。下の鍵盤図で ⌒ で表されているのが半音１つ分、└─┘ で表されているのが全音１つ分（半音２つ分）である。

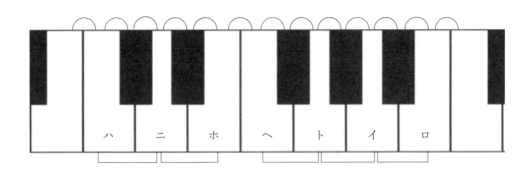

「隣り合う鍵盤同士」がわかりにくい場合は、下の図のように白鍵盤（白鍵）と黒鍵盤（黒鍵）が同じ長さだと考えるとよい。

- ①の白鍵と②の黒鍵は「隣り合う鍵盤同士」なので、半音１つ分になる。
- ②の白鍵と③の黒鍵も「隣り合う鍵盤同士」なので、半音１つ分になる。
- ①の白鍵と③の黒鍵は、間に②の黒鍵があるので、「隣り合う鍵盤同士」ではない。よって、全音１つ分（半音２つ分）になる。
- ⑤の白鍵と⑥の白鍵も「隣り合う鍵盤同士」なので、半音１つ分になる。

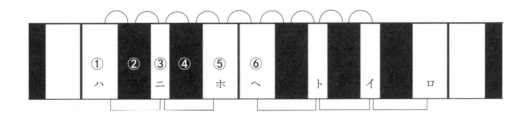

1-2-4. 幹 音

日本音名でハニホヘトイロと示される音を**幹音**という。♯や♭などの変化記号がついていない音であり、鍵盤楽器では主に白鍵にあたる。また♯や♭などの変化記号によって幹音の高さを変えた音を**派生音**という。鍵盤楽器では主に黒鍵にあたる。

1-2-5. 変化記号と派生音

変化記号は、幹音の高さを変えて派生音にするための記号で、次のような種類がある。

記号	読み方	日本名	意味
♯	シャープ	嬰記号	幹音を半音1つ分上げる
♭	フラット	変記号	幹音を半音1つ分下げる
𝄪	ダブルシャープ	重嬰記号	幹音を半音2つ分上げる
♭♭	ダブルフラット	重変記号	幹音を半音2つ分下げる

（1）♯（シャープ＝嬰記号）

幹音を半音1つ分上げる記号。鍵盤と対応する音名は以下の通りである。

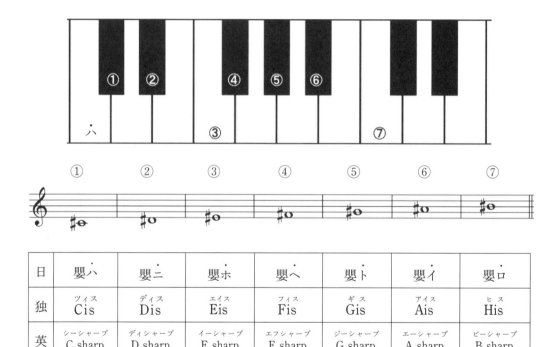

日	嬰ハ	嬰ニ	嬰ホ	嬰ヘ	嬰ト	嬰イ	嬰ロ
独	ツィス Cis	ディス Dis	エイス Eis	フィス Fis	ギス Gis	アイス Ais	ヒス His
英	シーシャープ C sharp	ディシャープ D sharp	イーシャープ E sharp	エフシャープ F sharp	ジーシャープ G sharp	エーシャープ A sharp	ビーシャープ B sharp

（2）♭（フラット＝変記号）

幹音を半音1つ分下げる記号。鍵盤と対応する音名は以下の通りである。

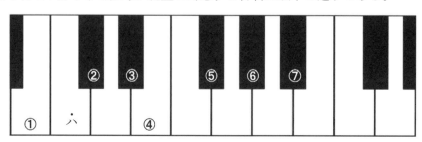

日	変ハ	変ニ	変ホ	変ヘ	変ト	変イ	変ロ
独	<small>ツェス</small> Ces	<small>デス</small> Des	<small>エス</small> Es	<small>フェス</small> Fes	<small>ゲス</small> Ges	<small>アス</small> As	<small>ベー</small> B
英	<small>シーフラット</small> C flat	<small>ディフラット</small> D flat	<small>イーフラット</small> E flat	<small>エフフラット</small> F flat	<small>ジーフラット</small> G flat	<small>エーフラット</small> A flat	<small>ビーフラット</small> B flat

(3) 𝄪（ダブルシャープ＝重嬰記号）

幹音を半音2つ分（全音1つ分）上げる記号。鍵盤と対応する音名は以下の通りである。

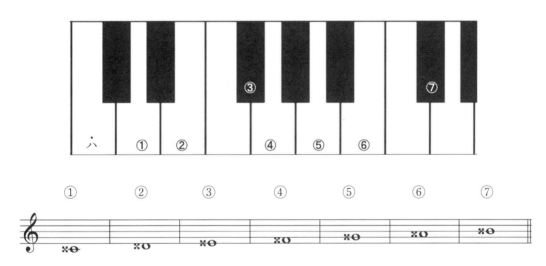

日	重嬰ハ	重嬰ニ	重嬰ホ	重嬰ヘ	重嬰ト	重嬰イ	重嬰ロ
独	<small>ツィスィス</small> Cisis	<small>ディスィス</small> Disis	<small>エイスィス</small> Eisis	<small>フィスィス</small> Fisis	<small>ギスィス</small> Gisis	<small>アイスィス</small> Aisis	<small>ヒスィス</small> Hisis
英	<small>シー ダブル シャープ</small> C double sharp	<small>ディ ダブル シャープ</small> D double sharp	<small>イー ダブル シャープ</small> E double sharp	<small>エフ ダブル シャープ</small> F double sharp	<small>ジー ダブル シャープ</small> G double sharp	<small>エー ダブル シャープ</small> A double sharp	<small>ビー ダブル シャープ</small> B double sharp

（4）♭♭（ダブルフラット＝重変記号）

幹音を半音2つ分（全音1つ分）下げる記号。鍵盤と対応する音名は以下の通りである。

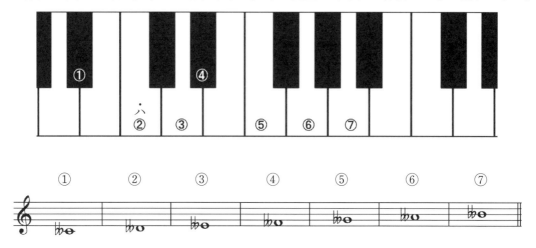

日	重変ハ	重変ニ	重変ホ	重変ヘ	重変ト	重変イ	重変ロ
独	ツェスエス Ceses	デ　ス　エス Deses	エスエス Eses	フェスエス Feses	ゲ　ス　エス Geses	アスアス Asas	ヘ　セ　エス Heses
英	シー　ダブル　フラット C double flat	ディ　ダブル　フラット D double flat	イー　ダブル　フラット E double flat	エフ　ダブル　フラット F double flat	ジー　ダブル　フラット G double flat	エー　ダブル　フラット A double flat	ビー　ダブル　フラット B double flat

（5）♮（ナチュラル＝本位記号）

♯や♭のついた音を元の高さに戻す記号。

1-2-6. 変化記号の効力

（1）調号として使われる場合

　　　　音部記号のすぐ右側につけられた変化記号を、**調号**という。調号は、その曲における「同名のすべての音」に効果がある。たとえば左の図のように調号がついている場合、その曲における「ヘ」の音は、「高さに関わらず」、すべて「嬰ヘ」になる。

（2）臨時記号として使われる場合

音符のすぐ左側につけられた変化記号を、**臨時記号**という。臨時記号は、「同一小節内の同名・同高の音にのみ」効力を持つ。

①は臨時記号の♯がついているので「嬰ヘ」。

②は①と同一小節内の同名・同高の音なので、①の♯は有効。よって「嬰ヘ」。

③は①と同一小節内ではないので、①の♯は無効。よって「ヘ」。

④は臨時記号の♯がついているので「嬰ヘ」。

⑤は④と同一小節ではないが、④とタイで結ばれているので④の臨時記号の♯は有効。
　よって「嬰ヘ」。

⑥は「ヘ」に臨時記号の♯がついているので「嬰ヘ」。

⑦は⑥と同一小節内にあり、音名は「ヘ」だが、⑥が「ヘ」であるのに対し⑦は「ヘ」
　であり、⑥と同高ではないので、⑥の臨時記号の♯は無効。よって「ヘ」。

⑧は⑥と同一小節内ではないので、⑥の臨時記号の♯は無効。よって♮がなくても
　「ヘ」となるが、念のために♮をつける場合もある。

1-2-7.　異名同音

　下の五線譜の嬰ハと変ニのように、異なる音名が同じ音を表す場合がある。これらを
異名同音という。

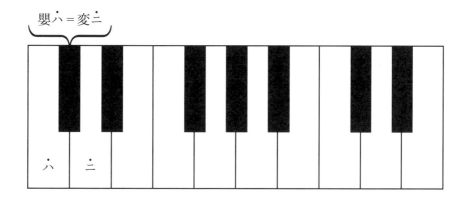

第2章　音符・休符・拍子とリズム

第1節　音符と休符

　五線譜上に書き、音の高さや長さを表すものを**音符**という。また五線譜上で音を出さないことを意味するものを**休符**という。

2-1-1. 音符と休符

音符の形状	音符の名称	4分音符を1としたときの長さ	同じ長さの休符の形状	同じ長さの休符の名称
𝅝	全音符	4	▬	全休符
𝅗𝅥 か	2分音符	2	▬	2分休符
𝅘𝅥 か	4分音符	1	𝄽	4分休符
𝅘𝅥𝅮 か	8分音符	$\frac{1}{2}$	𝄾	8分休符
𝅘𝅥𝅯 か	16分音符	$\frac{1}{4}$	𝄿	16分休符
𝅘𝅥𝅰 か	32分音符	$\frac{1}{8}$	𝅀	32分休符

2-1-2. 付点音符・付点休符・複付点音符

　音符や休符の右側に小さな点（**付点**）をつける場合がある。付点は、つけられた音符や休符の半分の長さを加えることを意味する。また、付点が2つある場合、1つ目の付点のさらに半分の長さを加える。付点音符・付点休符・複付点音符の長さは以下の通り。

付点音符		
形状	名称	音符の長さ
𝗼॰	付点全音符	𝗼 ＋ ♩
♩॰	付点2分音符	♩ ＋ ♪
♩॰	付点4分音符	♩ ＋ ♪
♪॰	付点8分音符	♪ ＋ ♫

付点休符		
形状	名称	同じ長さの音符
𝄽	付点4分休符	♩॰
𝄾॰	付点8分休符	♪॰

複付点音符		
形状	名称	音符の長さ
𝗼॰॰	複付点全音符	𝗼 ＋ ♩ ＋ ♪
♩॰॰	複付点2分音符	♩ ＋ ♪ ＋ ♫
♩॰॰	複付点4分音符	♩ ＋ ♪ ＋ ♫
♪॰॰	複付点8分音符	♪ ＋ ♫ ＋ ♬

2-1-3. その他の休符

（1）1小節をすべて休む場合は、拍子記号に関係なく、全休符のみを記す。

(2) 2 小節以上を休む場合は、休む小節数を明記して次のように記す。

2-1-4. 連 符

通常は 2 等分される音符を奇数で等分したり、逆に通常は 3 等分される音符を偶数で等分したりすることがある。この場合にできた音符群を**連符**と呼ぶ。よく用いられるのは、下の例の**3 連符**である。

① たとえば、下の図で 4 分音符 1 つを、a) のように 1 拍とする。

② a) の 4 分音符は、b) のように 8 分音符 2 つで、2 等分することができる。

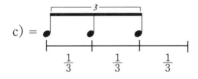

③ それを c) のように 3 等分したものを、**3 連符**という。

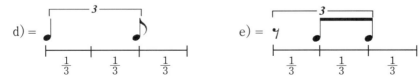

④ **3 連符**は、d) のように 4 分音符を含んで表記するものや、e) のように 8 分休符を含んで表記するものもある。

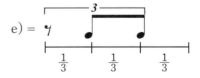

音符を 3 等分、5 等分、6 等分、7 等分すると、次の表のような連符ができる。

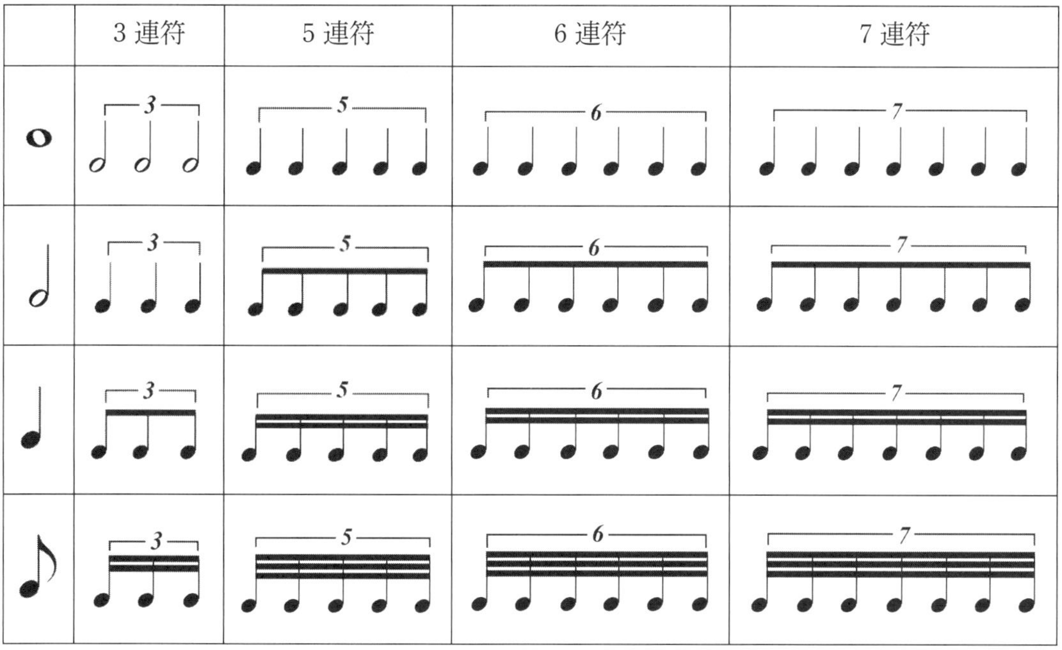

	3連符	5連符	6連符	7連符
𝅝				
𝅗𝅥				
♩				
♪				

　逆に、付点音符については、通常3等分されるが、これを2等分したり、4等分したりすることで連符を形成する。

① たとえば、下の図で付点2分音符1つを、a）のように3拍とする。

　a）＝ 𝅗𝅥.

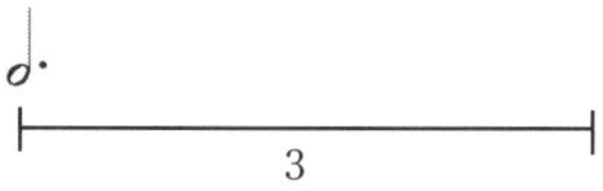

　　　└────── 3 ──────┘

② a）の付点2分音符は、b）のように4分音符3つで、3等分することができる。

　b）＝ ♩　　♩　　♩

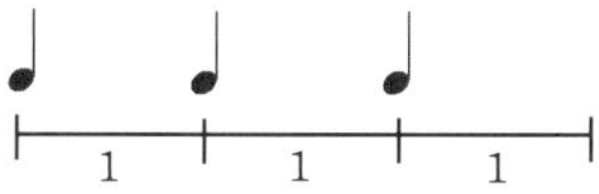

　　　└─ 1 ─┴─ 1 ─┴─ 1 ─┘

③ それを c）のように2等分したものを、**2連符**、d）のように4等分したものを**4連符**という。

　c）＝

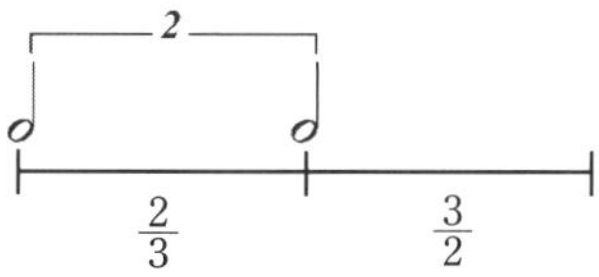

　　　　┌───── 2 ─────┐
　　　𝅗𝅥　　　　　　𝅗𝅥

　　　└─ $\frac{2}{3}$ ─┴─ $\frac{3}{2}$ ─┘

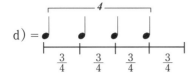

付点音符を 2 等分、4 等分すると、下の表のような連符ができる。

	2 連符	4 連符
♩.	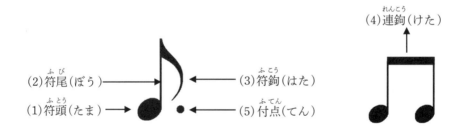	
♩.		
♪.		

2-1-5. 音符や休符の各部の名称と書き方

(2) 符尾（ぼう）
(3) 符鉤（はた）
(1) 符頭（たま）
(5) 付点（てん）
(4) 連鉤（けた）

(1) 符頭

音符の楕円形の部分を**符頭**という。符頭は、五線譜の「間」の幅と同じ大きさで書く。

(2) 符尾

音符の直線部分を**符尾**という。

a) 符尾は、符頭が第3線より下の場合は上に立て、符頭が第3線以上の場合は下に降ろす。

b) 符尾を上に立てる場合は符頭の右側に、符尾を下に降ろす場合は符頭の左側に書く。

c) 符尾は、五線の「間」3つ分くらいの長さで書く。

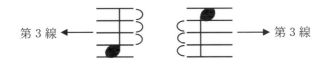

第3線 ← ・・・ → 第3線

(3) 符鉤

8分音符や16分音符などの、音符の直線部分に付随する曲線部分を**符鉤**という。

a) 符尾が上に立てられているときは、符鉤は符尾の上端から下に向かって書く。

b) 符尾が下に降ろされているときは、符鉤は符尾の下端から上に向かって書く。

(4) 連鉤

8分音符や16分音符などが続く際、符尾を太い直線でつなぐ場合がある。この直線を**連鉤**という。

a) 符尾が上に立てられた音符同士は上に、符尾が下に降ろされた音符同士は下に連鉤をつける。その際、符尾の長さに合わせて連鉤も傾ける。

b) 符尾が上に立てられた音符の方が、符尾が下に降ろされた音符よりも多い場合は、上に連鉤を書く。

c) 符尾が下に降ろされた音符の方が、符尾が上に立てられた音符よりも多い場合は、下に連鉤をつける。

a)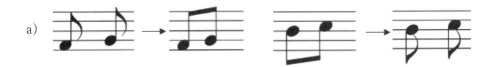

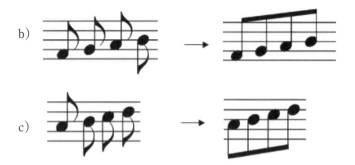

(5) 付点

音符の符頭の右側につく点を**付点**という。

a) 付点は常に、符頭の右側につける。

b) 符頭が五線譜の「間」にあるときは、符頭と同一の間に付点を置く。

c) 符頭が五線譜の「線」の上にあるときは、符頭のある線の直上の「間」に付点を置く。

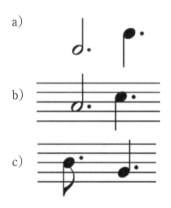

第2節　強弱と拍子・リズム

2-2-1.　縦線と小節

楽譜上で、曲の区分を示すために引く線のことを**縦線**といい、3種類が主に使われる。また縦線によって等しい長さに分けられた部分を**小節**と呼ぶ。

① 単縦線：曲を小節に分ける。

② 複縦線：曲の段落を示す。曲の途中で調や拍子が変わるときなどに使う。

③ 終止線：複縦線の一種であり、曲の終わりを示す。

2-2-2. 強弱と拍子記号

音の強弱が一定の規則に従って反復されることを**拍子**と呼ぶ。また拍子を示す記号を**拍子記号**という。拍子記号は通常、分数の形で表記される。分母は1拍と数える音符の種類を、分子は1小節に入る拍数を示している。

たとえば $\frac{2}{4}$ であれば、4分音符を1拍として1小節に2拍分入ることを意味する。また $\frac{4}{4}$ であれば、4分音符を1拍として1小節に4拍分入ることを意味する。楽譜に表記する際には、分子と分母の間にある線（括線）を省略することが多い。また $\frac{4}{4}$ を 𝄴、$\frac{2}{2}$ を 𝄵 と表記する場合もある。

	2拍子系		3拍子系		4拍子系		
	2拍子		3拍子		4拍子		
	強 弱		強 弱 弱		強 弱 中強 弱		
単純拍子	$\frac{2}{4}$ ♩ ♩		$\frac{3}{4}$ ♩ ♩ ♩		$\frac{4}{4}$ ♩ ♩ ♩ ♩		
	$\frac{2}{2}$ ♩ ♩		$\frac{3}{8}$ ♪ ♪ ♪		$\frac{4}{8}$ ♪ ♪ ♪ ♪		
	6拍子		9拍子		12拍子		
複合拍子	$\frac{6}{8}$ 強弱弱中強弱弱 ♫♫♫ ♫♫♫		$\frac{9}{8}$ ♫♫♫ ♫♫♫ ♫♫♫		$\frac{12}{8}$ ♫♫♫ ♫♫♫ ♫♫♫ ♫♫♫		

2-2-3. 弱起

強起の曲とは、強拍から始まる曲のことをいう。**弱起（アウフタクト）の曲**とは、弱拍から始まる曲のことをいう。

(1) 大きな栗の木の下で

(2) 仰げば尊し

上の（1）は強起の曲であり、（2）は弱起の曲である。

（2）で、小節①は8分音符1つ分、小節②は8分音符5つ分しかない。このように、拍子記号に示された拍数を満たさない小節を**不完全小節**という。また他の小節は、拍子記号に示された拍数を満たすため、**完全小節**と呼ばれる。

（2）の弱起の曲の場合、最後の不完全小節②と、冒頭の不完全小節①とを合わせて8分音符6つ分となり、拍子記号に示された拍数を満たすことになる。つまり（2）の曲では、本来小節②に含まれるはずであった6拍目の弱拍が、冒頭の小節①に移動したので、弱拍から始まると考えることができる。

2-2-4．シンコペーション

　ある拍子の本来の強拍の位置が移動することを、**シンコペーション**という。シンコペーションを生み出す要素は、主に以下の5点である。なお、本来の強拍の位置を▽、移動した強拍の位置を▼で示している。

a）音符の組み合わせ

b）休符

　本来の強拍部分が休符の場合、次の音符に強拍が移動する。

c）スラー

　スラーの起点となる音は強拍となる。

d）タイ

e）アクセント記号

　本来の強拍でない部分にアクセント記号がつくと、強拍になる。

第3章　　様々な記号や標語

第1節　強弱と速度

3-1-1. 強弱記号

演奏の際の音の強弱を示す記号を**強弱記号**といい、以下のようなものがある。

記号	読み方	意味
pp	ピアニッシモ	ごく弱く
p	ピアノ	弱く
mp	メゾ・ピアノ	やや弱く
mf	メゾ・フォルテ	やや強く
f	フォルテ	強く
ff	フォルティッシモ	ごく強く
cresc. ＜	クレシェンド	だんだん強く
decresc. ＞	デクレシェンド	だんだん弱く
dim. ＞	ディミヌエンド	
sf ・ *sfz*	スフォルツァンド・スフォルツァート	特に強く
fz	フォルツァート	
＞	アクセント	その音を目立たせて
∧		
fp	フォルテ・ピアノ	強くただちに弱く

3-1-2.　速度記号と速度標語

（1）速度記号

　楽曲の速さを示す記号を**速度記号**といい、以下のようなものがある。

① たとえば、♩ = 60 とは、1 分間に 4 分音符を 60 回打つ速さで演奏することを意味する。

② ♩ = ca. 60 とある場合、ca. とは circa（およそ）という意味の略語で、およそ♩ = 60 で奏することを指示している。

③ 基準となる音符は 4 分音符とは限らない。♪ = 120 とある場合は、1 分間に 8 分音符を 120 回打つ速さで奏することを意味する。

④ M.M. ♩ = 60 などと示される場合もあるが、これはメトロノームを作製したメルツェルにちなんで、両者の頭文字の M を 2 つ並べたものである。

（2）速度標語

　楽曲の速さは、速度記号だけではなく、**速度標語**という言葉によって示される場合も多い。

　よく用いられる速度標語は以下の通りである。

演奏速度	種別	速度標語	読み方	意味
遅 ↕ 速	遅い	**Largo**	ラルゴ	幅広く、緩やかに
		Lento	レント	緩やかに
		Adagio	アダージョ	緩やかに
	やや遅い	**Larghetto**	ラルゲット	ラルゴよりやや速く
		Andante	アンダンテ	ゆったり歩く速さで
		Andantino	アンダンティーノ	アンダンテより少し速く
	中位	**Moderato**	モデラート	中くらいの速さで
	やや速い	**Allegretto**	アレグレット	やや速く
	速い	**Allegro**	アレグロ	快速に
		Vivace	ヴィヴァーチェ	活発に
		Presto	プレスト	急速に

(3) 速度変化を表す標語

楽曲の途中で速度が変化する場合は、以下のような標語が使われる。

標語（省略形）	読み方	意味
ritardando (rit.)	リタルダンド	だんだん遅く
rallentando (rall.)	ラレンタンド	だんだん緩やかに
ritenuto (riten.)	リテヌート	すぐに遅く
meno mosso	メノ・モッソ	それまでより遅く
a tempo	ア・テンポ	もとの速さで
Tempo Primo (Tempo I)	テンポ・プリモ	最初の速さで
acclerando (accel.)	アッチェレランド	だんだん速く
più mosso	ピウ・モッソ	それまでより速く
tempo giusto	テンポ・ジュスト	正確な速さで
in tempo	イン・テンポ	正しい速さで
tempo rubato	テンポ・ルバート	自由な速さで
ad libitum	アド・リビトゥム	奏者の自由に
a piacere	ア・ピアチェーレ	奏者の随意に

(4) 速度と強弱の同時変化を表す標語

速度と強弱の両方が共に変化することを示す標語には、以下のようなものがある。

標語	読み方	意味
calando	カランド	だんだん弱くしつつ遅く
morendo	モレンド	
perdendosi	ペルデンドシ	
smorzando	スモルツァンド	
allargando	アラルガンド	だんだん強くしつつ速く

第2節　曲想と奏法

3-2-1. 発想標語

曲の雰囲気、すなわち曲想を表す標語を、**発想標語（発想記号）**と呼ぶ。主に以下のようなものがある。

標語（省略形）	読み方	意味
agitato	アジタート	激して、興奮して
appassionato	アパッショナート	熱情的に
con fuoco	コン・フォーコ	熱情的に、火のように
amabile	アマービレ	甘美に、愛らしく
dolce	ドルチェ	甘美に
brillante	ブリランテ	華やかに、輝かしく
con brio	コン・ブリオ	華やかに、生き生きと
elegante	エレガンテ	優雅に
grazioso	グラツィオーソ	優雅に
capriccioso	カプリチオーソ	気まぐれに、狂詩的に
comodo	コモド	気ままに、気楽に
giocoso	ジョコーソ	おどけて、陽気に
scherzando	スケルツァンド	おどけて、戯れるように
arioso	アリオーソ	歌うように
cantabile	カンタービレ	歌うように
animato	アニマート	活気をもって
con anima	コン・アニマ	活気をもって
con spirito	コン・スピリト	元気に
mosso	モッソ	躍動して
espressivo(espress.)	エスプレッシーヴォ	表情豊かに
leggiero(legg.)	レジェーロ	軽く
dolente	ドレンテ	悲しげに
elegiaco	エレジアーコ	悲しく
grave	グラーベ	重々しく、おごそかに
pesante	ペザンテ	重々しく
maestoso	マエストーソ	おごそかに、威厳を持って
serioso	セリオーソ	厳粛に
pastorale	パストラーレ	牧歌風に
semplice	センプリチェ	素朴に
sotto voce	ソット・ヴォーチェ	ひそやかに
tranquillo	トランクウィッロ	静かに、穏やかに

3-2-2. 奏法に関する記号・用語

（1）スラー（*slur*）・レガート（*legato*）

　高さの異なる複数の音符を弧線で結び、それらの音符を滑らかに演奏することを意味する。この弧線を**スラー**という。また *legato* と文字で記す場合や、弧線と文字の両方を使う場合もある。さらに、きわめて滑らかに奏することを示す場合、*legatissimo*（レガーティッシモ）と記す。

（2）タイ

　スラーと同様、弧線を用いるが、**タイ**は高さの同じ複数の音符を弧線で結び、それらの音符をつなげて演奏することを意味する。

（3）スタッカート（*staccato*）（*stacc.*）

　音を短く切って演奏することを意味する。音符の上または下に記号をつける場合と、*staccato* と文字で記す場合とがある。**スタッカート**には以下の3つの種類があるが、文字で示す場合は、a）と同じ意味であることが多い。

　a）スタッカート

本来の音符の長さの半分くらいに音を軽く切るように演奏する。

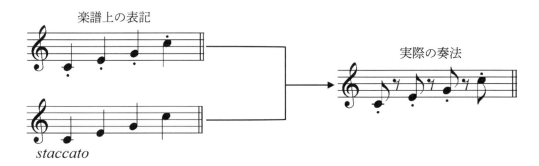

b）スタッカティシモ

スタッカートよりもさらに鋭く音を切る。

c）メゾ・スタッカート

スタッカートよりも長めに音を切る。

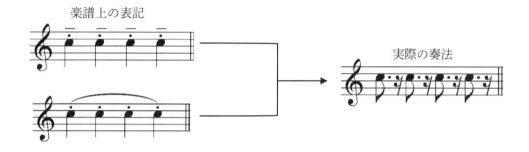

（4）テヌート（*tenuto*）（*ten.*）

音を十分に保って演奏することを意味する。通常、音符の上または下に記号をつける。

（5）マルカート（*marcato*）（*marc.*）

1音ずつをはっきりと演奏することを意味する。通常、文字で記されることが多い。

（6）フェルマータ（*fermata*）

「停止」を表すイタリア語が語源。その音や休符を、本来の長さ以上に伸ばすことを意

味する。明確な定義はないが、本来の長さの2倍から3倍ほどに伸ばすことが多い。通常、音符や休符の上または下に記号で表す。

(7) ポルタメント（*portamento*）（*port.*）

　ある高さから、異なる高さの音に移行する際、極めて滑らかに演奏することを意味する。

(8) その他の記号や用語

記号	意味
Ⅴ	ブレスをする
𝓟𝓮𝓭. （Ped.）	ペダルを踏む
✿	ペダルを離す
R.H.（*m.d.*）	右手で弾く
L.H.（*m.s.*）（*m.g.*）	左手で弾く
Tutti（読み方：トゥッティ）	全員で同時に演奏する

3-2-3. 標語や記号に添える用語

　記号や標語に添えて、その意味を補足するための用語で、以下のようなものがある。

標語（省略形）	読み方	意味
poco	ポーコ	少し
poco a poco	ポーコ・ア・ポーコ	少しずつ
con ...	コン	…と共に
senza...	センツァ	…なしで
meno	メノ	今までより少なく
più	ピウ	今までより多く
sempre	センプレ	常に
assai	アッサイ	非常に
molto	モルト	
subito	スビート	急に
simile	シミレ	同様に

3-2-4. 装飾音や装飾記号

（1）装飾音

（2）装飾記号

a）トリル

b) ターン

楽譜上の表記

実際の奏法

c) モルデント

楽譜上の表記

実際の奏法

d) アルペッジョ

楽譜上の表記

実際の奏法

楽譜上の表記

実際の奏法

e）グリッサンド

楽譜上の表記

実際の奏法

第3節　省略記号

3-3-1. 演奏の反復表記の省略

（1）反復記号（‖:）

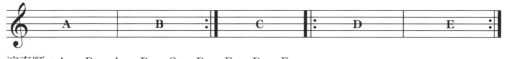

演奏順：A → B → A → B → C → D → E → D → E

　反復記号によってはさまれた部分を繰り返し演奏する。曲の冒頭に戻る際には、最初の反復記号を省略することができる。

（2）カッコ記号

演奏順：A → B → C → A → B → D

　最初から演奏し、1カッコを演奏したら最初に戻る。2回目は、1カッコをとばし、2カッコを演奏する。

(3) ダ・カーポ（*D.C.*）（*Da Capo*）

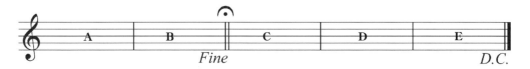

演奏順：A → B → C → D → E → A → B

　まず *D.C.* の位置まで演奏し、曲の冒頭に戻る。その後 *Fine* または 𝄐（フェルマータ）の位置で演奏を終わる。なお *D.C.* は *D.C. al Fine*（初めに戻って *Fine* で終わるという意味）と表記されることもある。

(4) ダル・セーニョ（*Dal Segno*）（*D.S.*）

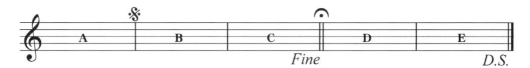

演奏順：A → B → C → D → E → B → C

　まず *D.S.* の位置まで演奏し、𝄋（セーニョ）の位置まで戻る。その後 *Fine* または 𝄐 のところで演奏を終わる。

(5) コーダ（*Coda*）

演奏順：A → B → C → D → B → E

　D.S. や *D.C.* で繰り返し演奏する途中に 𝄌（ビーデ）の記号がある場合は、次の 𝄌 もしくは *Coda* と記された位置まで飛んで演奏する。なお、*to* 𝄌（次の 𝄌 まで飛ぶという意味）は *to Coda*（コーダまで飛ぶという意味）もしくは単に 𝄌 と表記されることもある。

3-3-2. 音の高さの省略

（1）アロッターヴァ・アルタ（*All'ottava alta*）

　音符の上に 8va------------┐ もしくは 8------------┐ とある場合、楽譜上の表記よりも１オクターヴ高く演奏する。

（2）アロッターヴァ・バッサ（*All'ottava bassa*）

　音符の下に $8^{va}\,bassa$--------┘、8va------------┘ もしくは 8------------┘ とある場合、楽譜上の表記よりも１オクターヴ低く演奏する。

3-3-3. 同一音符・音形の省略

（1）同一音符の省略

（2）同一音形の省略

（3）同一小節の省略

第4章　音程

第1節　音程とは

4-1-1.　音程とは

　2つの音の隔たりのことを**音程**と呼ぶ。音程には、順次に響く2つの音の隔たりを表す「旋律的音程」と、同時に響く2つの音の隔たりを表す「和声的音程」の2種類がある。

4-1-2.　音程の数え方

　音程を数えるには「度」という単位を使う。具体的には、次の図のように音程を数える。これらの1度、2度、3度……などの数字を**度数**という。

　2つの音の一方または両方に変化記号がついても、度数は変わらない。

4-1-3.　単音程と複音程

　完全8度（1オクターヴ）を超える音程を**複音程**という。この場合、どちらか一方の音を1オクターヴ上げるか下げるかして、単音程にして呼称する。ただし、9度や10度は

そのまま呼称されることもある。

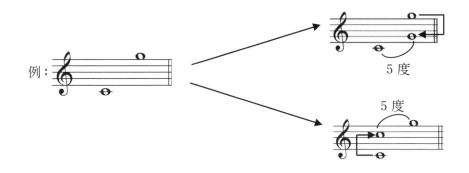

例：

5度

5度

第2節　様々な音程

4-2-1. 音程の種類

　音程には、たとえば同じ3度の度数でも、長3度、短3度、増3度、減3度などの「種類」があり、同じ5度でも完全5度、増5度、減5度などの「種類」がある。これらを図で示すと、次のようになる。

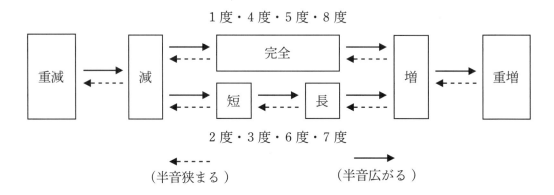

1度・4度・5度・8度

| 重減 | → 減 | → 完全 → | 増 | → 重増 |

2度・3度・6度・7度

（半音狭まる）　　　（半音広がる）

4-2-2. 幹音同士の音程

　2つの幹音（白鍵盤）同士の音程は、次の表のように区別される。これらの完全1度・短2度…………完全8度までの14の「種類」を、**全音階的音程**と呼ぶ。

種類	半音数（**隣接する白鍵の組数**）	種類	半音数（**隣接する白鍵の組数**）
度数：1度		度数：5度	
完全1度	0	減5度	2
		完全5度	1
度数：2度		度数：6度	
短2度	1	短6度	2
長2度	0	長6度	1
度数：3度		度数：7度	
短3度	1	短7度	2
長3度	0	長7度	1
度数：4度		度数：8度	
完全4度	1	完全8度	2
増4度	0		

全音階的音程の例を以下に示す。⌒ は、隣接する白鍵1組分を意味する。

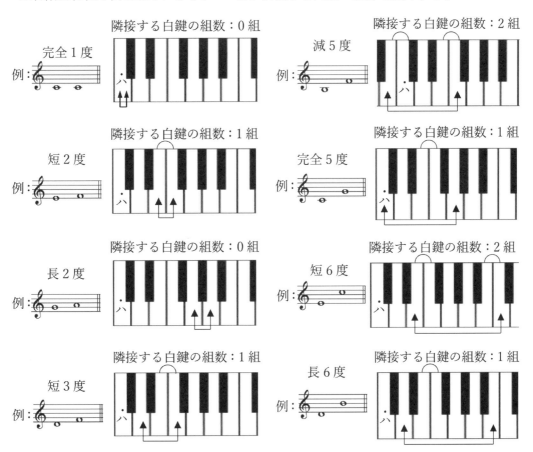

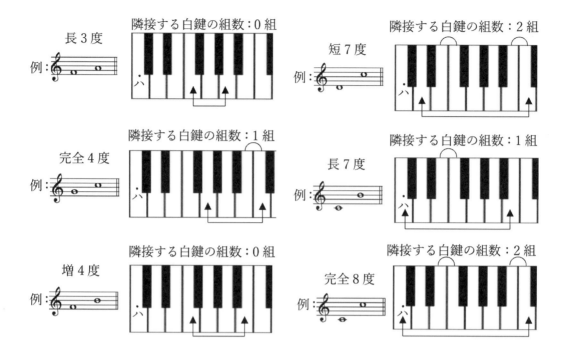

4-2-3. 派生音を含む音程

　派生音を含む音程の種類を見分けるには、まず変化記号を取って幹音同士の音程の度数と種類を、4-2-2. の表から判断する。その後、4-2-1. の図によって、音程の種類がどのように変化するかを見る。

【例1】

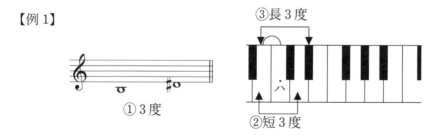

① 度数は3度。

② ♯を取って幹音同士で考えると、ヘと二の間で隣接する白鍵の組数は1組だから、4-2-2. の表から短3度。

③ 二が♯で半音高められ、2つの音の幅が半音1つ分広がるので、4-2-1. の図から長3度。

【例 2】

①7度

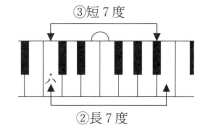

③短7度
②長7度

① 度数は 7 度。

② ♭を取って幹音同士で考えると、ハとロの間で隣接する白鍵の組数は 1 組だから、4-2-2. の表から長 7 度。

③ ロが♭で半音低くなり、2 つの音の幅が半音 1 つ分狭まるので、4-2-1. の図から短 7 度。

【例 3】

①5度

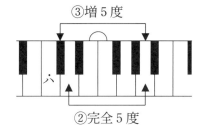

③増5度
②完全5度

① 度数は 5 度。

② ♭を取って幹音同士で考えると、ニとイの間で隣接する白鍵の組数は 1 組だから、4-2-2. の表から完全 5 度。

③ ニが♭で半音低くなり、2 つの音の幅が半音 1 つ分広がるので、4-2-1. の図から増 5 度。

【例 4】

①6度

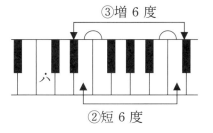

③増6度
②短6度

① 度数は 6 度。

② ♭と♯を取って幹音同士で考えると、ホとハ の間で隣接する白鍵の組数は 2 組だから、4-2-2. の表から短 6 度。

③ ホが♭で半音低くなり、ハ が♯で半音高められることで、2 つの音の幅が半音 2 つ

分広がるので、4-2-1. の図から増 6 度。

【例 5】

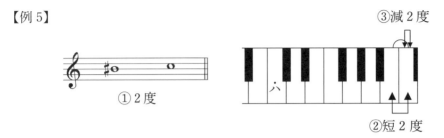

①2度

③減 2 度

②短 2 度

① 度数は 2 度。

② ♯ を取って幹音同士で考えると、嬰ロと ハ の間は隣接する白鍵 1 組で成り立つので、4-2-2. の表から短 2 度。

③ ロが♯で半音高くなり、2 つの音の幅が半音狭くなるので、4-2-1. の図より減 2 度。

　　　注：この場合、鍵盤上では 2 つの音は異名同音となるが、これを「1 度」と考えてはならない。楽譜上で嬰ロと ハ のように異なる音名で表示されている以上、この 2 つの音の音程の度数は「2 度」である。このような音程を**異名同音的音程**と呼ぶ。

4-2-4. 転回音程

　単音程の二音のうち、高い方の音を 1 オクターヴ下げるか、低い方の音を 1 オクターヴ上げることで、新たな音程の度数と種類が生起する。これを**転回音程**といい、転回する前の音程を**原音程**という。原音程と転回音程は、次のような法則で変化する。

原音程	1 度	2 度	3 度	4 度	5 度	6 度	7 度	8 度
⇕	⇕	⇕	⇕	⇕	⇕	⇕	⇕	⇕
転回音程	8 度	7 度	6 度	5 度	4 度	3 度	2 度	1 度

原音程	完全	長	短	増	減	重増	重減
⇕	⇕	⇕	⇕	⇕	⇕	⇕	⇕
転回音程	完全	短	長	減	増	重減	重増

例1：原音程が短3度であるとき、転回音程は長6度になる。

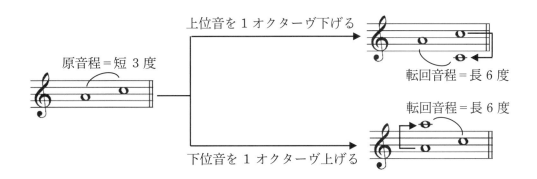

例2：原音程が完全4度であるとき、転回音程は完全5度になる。

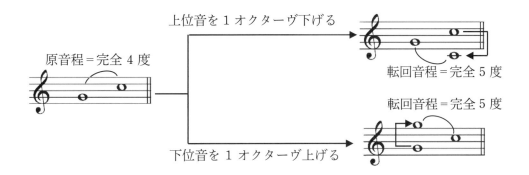

4-2-5. 協和音程と不協和音程

　全音階的音程を構成する2音は、振動数の比率と周波数によって、良く響き合うものとそうでないものがある。良く響くものを**協和音程**、そうでないものを**不協和音程**という。さらに協和音程は、**完全協和音程**と**不完全協和音程**に分類される。

全音階的音程	協和音程	完全協和音程	完全 1 度
			完全 4 度
			完全 5 度
			完全 8 度
		不完全協和音程	長 3 度
			短 3 度
			長 6 度
			短 6 度
	不協和音程		長 2 度
			短 2 度
			長 7 度
			短 7 度
			増 4 度
			減 5 度

第5章　音階

音をある一定の法則に従い、階段状に並べたものを**音階**という。

第1節　長音階

5-1-1. 長音階の構成

長音階では、下の図のように音が配列されている。すなわち長音階とは、「（第3音と第4音の間）および（第7音と第8音の間）が半音であり、他はすべて全音の関係になっている」音階のことをいう。

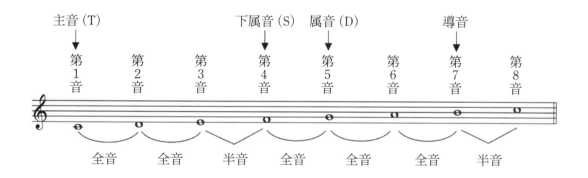

長音階の音の低い方から順に、第1音、第2音……とするとき、長音階の第1音を主音（Tonic）、第4音を下属音（Subdominant）、第5音を属音（Dominant）、第7音を導音という。

5-1-2. ハ調長音階

長音階の中で、ハ音を主音とする長音階を**ハ調長音階**という。ハ長調の曲は、ハ調長音階の音を使って作られている。またハ調長音階は、**幹音のみ**で成り立っている。

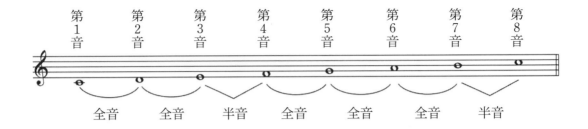

5-1-3. 嬰種長音階

嬰音（♯のついた音）が含まれる音階を**嬰種長音階**という。

(1) たとえば、ト音を主音とするト調長音階は、次のように作る。

a) まず、幹音のみでト音から8つの音を階段状に並べる。すると、（第6音と第7音の間）が半音、（第7音と第8音の間）が全音になっている。これは「（第3音と第4音の間）および（第7音と第8音の間）が半音であり、他はすべて全音の関係になっている」という長音階の条件を満たさない。

b) そこで、第7音を♯によって半音上げる。すると「（第3音と第4音の間）および（第7音と第8音の間）が半音であり、他はすべて全音の関係になっている」という長音階の条件を満たす。

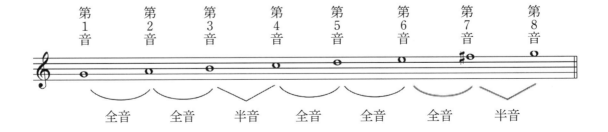

c) このようにして、ト音を主音とするト調長音階ができる。ト調長音階の場合、ヘ音
　 には常に♯がつくので、一般的には調号を使って次のように表す。

(2) 次に、ニ音を主音とするニ調長音階を作る。

a) まず、幹音のみでニ音から8つの音を階段状に並べる。すると、（第2音と第3音
　 の間）および（第6音と第7音の間）が半音になっている。これは、「（第3音と第
　 4音の間）および（第7音と第8音の間）が半音であり、他はすべて全音の関係に
　 なっている」という長音階の条件を満たさない。

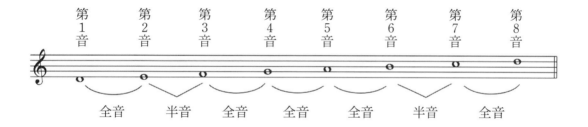

b) そこで、第3音と第7音を♯によって半音上げる。すると「（第3音と第4音の間）
　 および（第7音と　第8音の間）が半音であり、他はすべて全音の関係になってい
　 る」という長音階の条件を満たす。

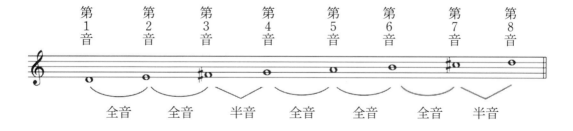

c) このようにして、ニ音を主音とするニ調長音階ができる。ニ調長音階の場合、ヘ音
　 とハ音には常に♯がつくので、一般的には調号を使って次のように表す。

　♯を調号として、♯が1つずつ増えていく長音階は全部で7種類あり、次のようになる。なお、長音階に階名をつける場合、主音（第1音）をドと読み、第2音をレ、第3音をミ……と、順次階名をつける。主音によってドの位置が動くので、これを**移動ド唱法**という。

　それに対し、主音が何であっても、ハをドと読む読み方を固定ド唱法という。ピアノなど器楽の学習の際には、固定ド唱法が使われることが多い。

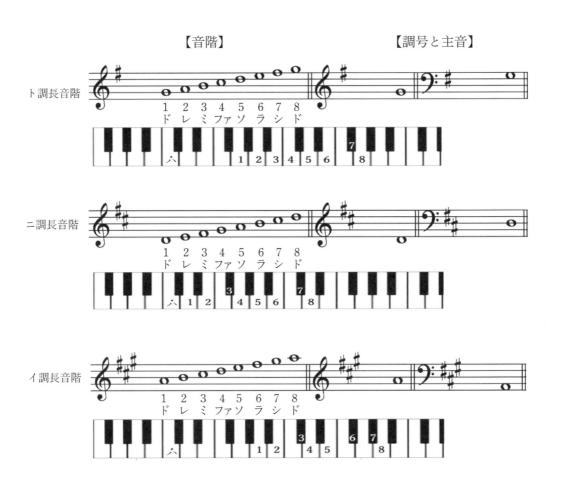

【音階】　　　　　　　　　　　　【調号と主音】

ホ調長音階

ロ調長音階
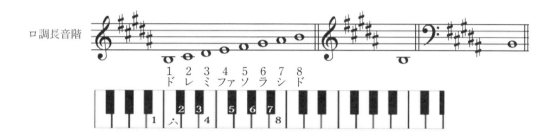

嬰ヘ調長音階
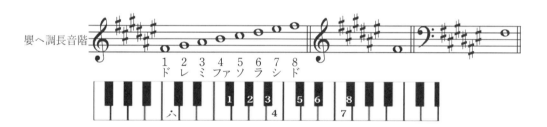

嬰ハ調長音階
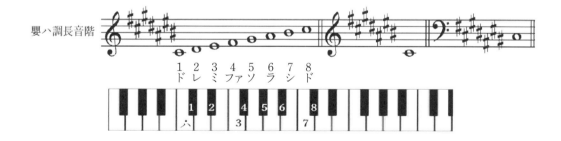

5-1-4. 変種長音階

変音（♭のついた音）が含まれる音階を**変種長音階**という。

(1) たとえば、ヘ音を主音とするヘ調長音階は、次のように作る。

a) まず、幹音のみでヘ音から8つの音を階段状に並べる。すると、（第4音と第5音の間）と（第7音と第8音の間）が半音で、他はすべて全音になっている。これは「（第3音と第4音の間）および（第7音と第8音の間）が半音であり、他はすべて全音の関係になっている」という長音階の条件を満たさない。

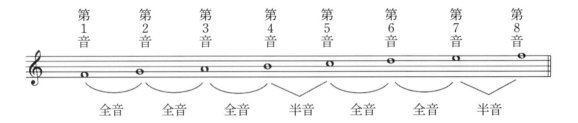

b) そこで、第4音を♭によって半音下げる。すると「（第3音と第4音の間）および（第7音と第8音の間）が半音であり、他はすべて全音の関係になっている」という長音階の定義を満たす。

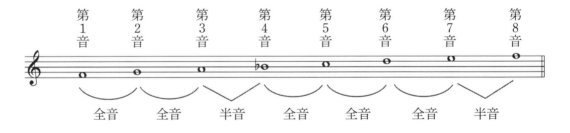

c) このようにして、ヘ音を主音とするヘ調長音階ができる。ヘ調長音階の場合、ロ音には常に♭がつくので、一般的には調号を使って次のように表す。

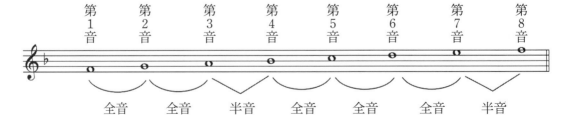

♭を調号として、♭が1つずつ増えていく長音階は全部で7種類あり、次のようになる。

【音階】　　　　　　　　　【調号と主音】

ヘ調長音階

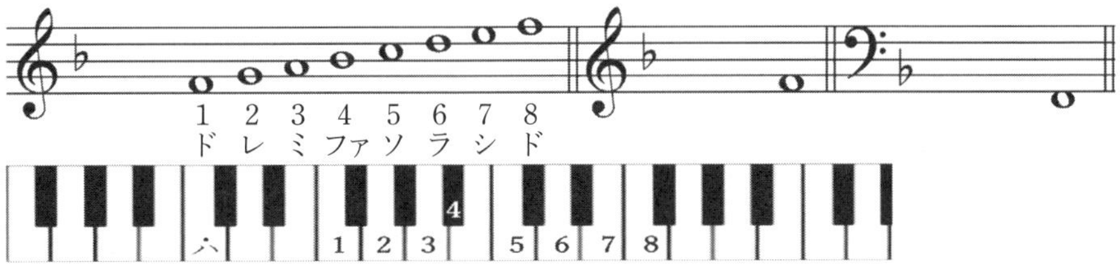

1 2 3 4 5 6 7 8
ド レ ミ ファ ソ ラ シ ド

変ロ調長音階

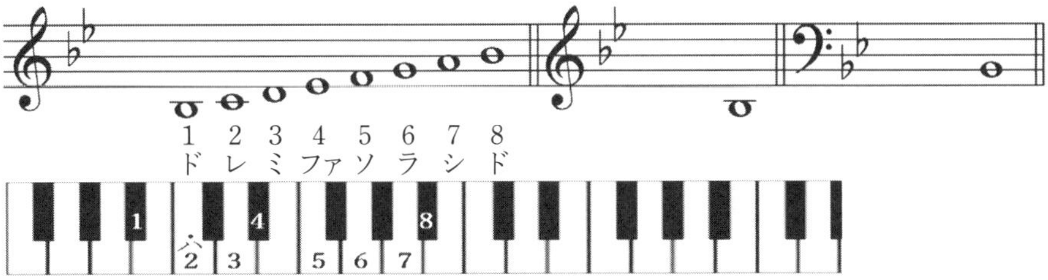

1 2 3 4 5 6 7 8
ド レ ミ ファ ソ ラ シ ド

変ホ調長音階

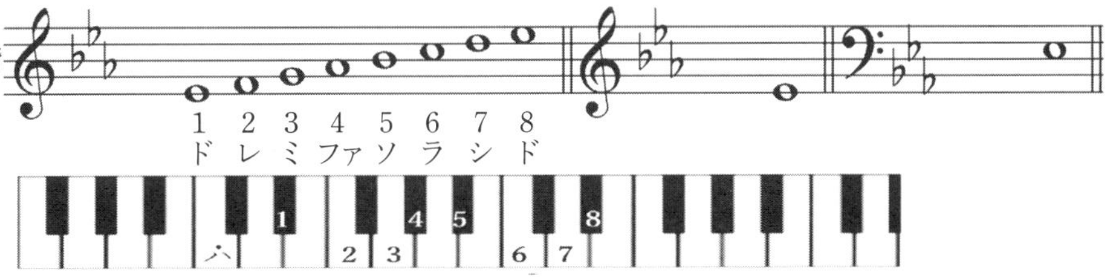

1 2 3 4 5 6 7 8
ド レ ミ ファ ソ ラ シ ド

変イ調長音階

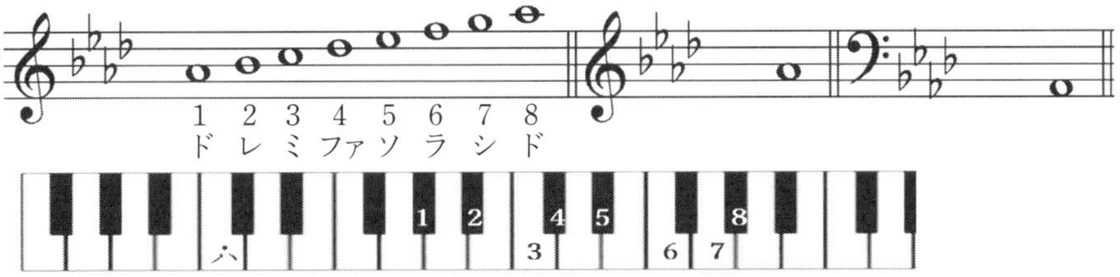

1 2 3 4 5 6 7 8
ド レ ミ ファ ソ ラ シ ド

変ニ調長音階

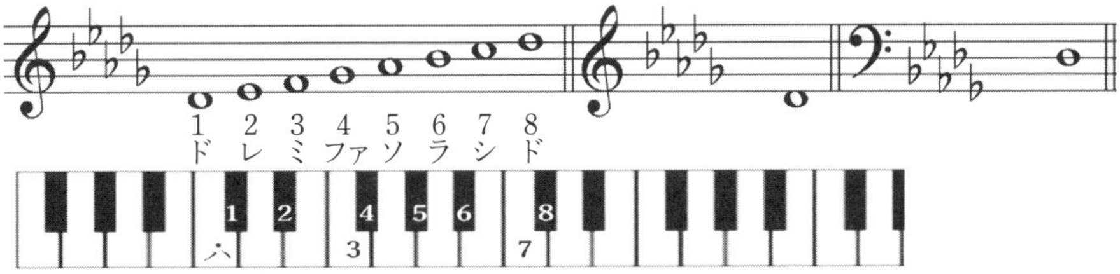

1 2 3 4 5 6 7 8
ド レ ミ ファ ソ ラ シ ド

【音階】　　　　　　　　　　【調号と主音】

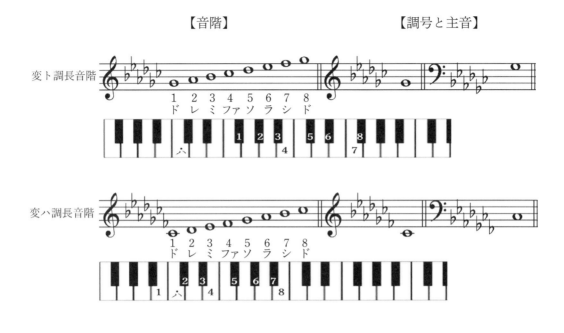

変ト調長音階

変ハ調長音階

第2節　短音階

5-2-1. 短音階の構成

　短音階では、下の図のように音が配列されている。すなわち短音階とは「（第2音と第3音の間）および（第5音と第6音の間）が半音であり、他はすべて全音の関係になっている音階のこと」をいう。

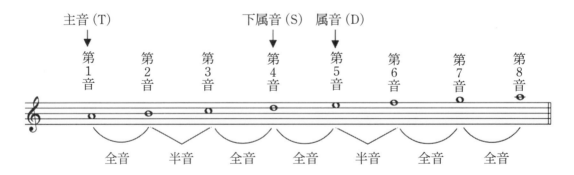

　短音階の音の低い方から順に第1音、第2音……とするとき、短音階の第1音を主音（Tonic）、第4音を下属音（Subdominant）、第5音を属音（Dominant）という。

5-2-2. イ調短音階

　短音階の中で、イ音を主音とする短音階を**イ調短音階**という。イ短調の曲は、イ調短

音階の音を使って作られている。またイ調短音階は、**幹音のみ**で成り立っている。

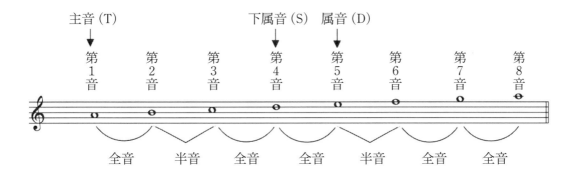

5-2-3. 嬰種短音階

嬰音（♯のついた音）が含まれる音階を**嬰種短音階**という。

（1）たとえば、ホ音を主音とするホ調短音階は、次のように作る。

a）まず、幹音のみでホ音から8つの音を階段状に並べる。すると、（第1音と第2音の間）が半音、（第5音と第6音の間）が半音になっている。これは「（第2音と第3音の間）および（第5音と第6音の間）が半音であり、他はすべて全音の関係になっている」という短音階の条件を満たさない。

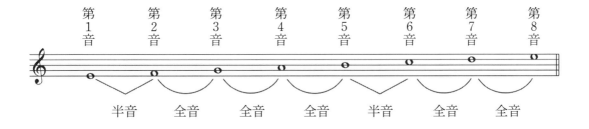

b）そこで、第2音を♯によって半音上げる。すると「（第2音と第3音の間）および（第5音と第6音の間）が半音であり、他はすべて全音の関係になっている」という短音階の条件を満たす。

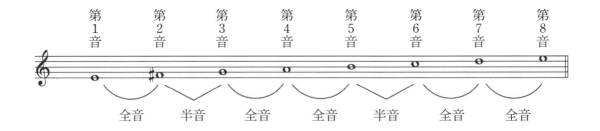

c) このようにして、ホ音を主音とするホ調短音階ができる。ホ調短音階の場合、ヘ音には常に♯がつくので、一般的には調号を使って、次のように表す。

　♯を調号として、♯が１つずつ増えていく短音階は全部で７種類あり、次のようになる。なお、長音階に階名をつける場合、主音（第１音）をラと読み、第２音をシ、第３音をド……と、順次階名をつける。

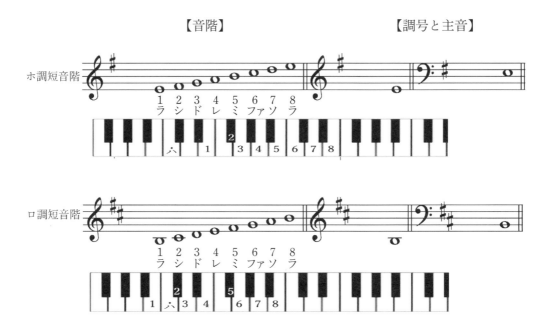

【音階】　　　　　　　　　　【調号と主音】

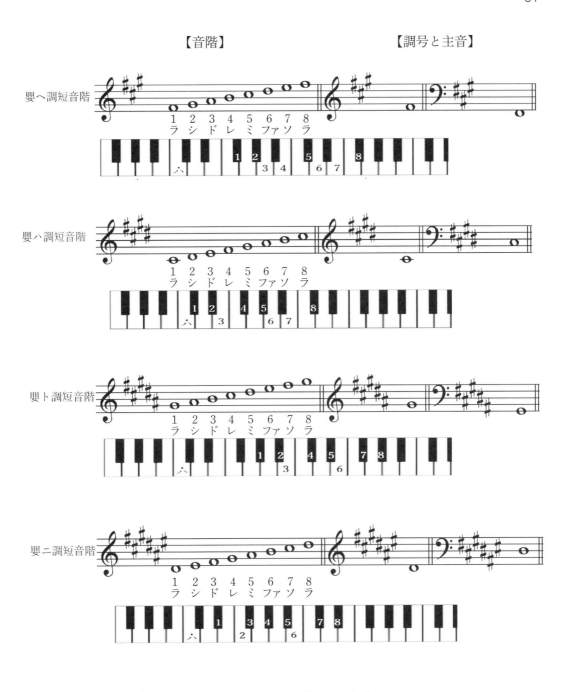

嬰ヘ調短音階

嬰ハ調短音階

嬰ト調短音階

嬰ニ調短音階

嬰イ調短音階

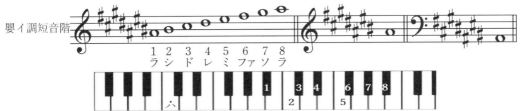

5-2-4. 変種短音階

変音（♭のついた音）が含まれる音階を**変種短音階**という。

(1) たとえば、ニ音を主音とするニ調短音階は、次のように作る。

a) まず、幹音のみでニ音から 8 つの音を階段状に並べる。すると、（第 5 音と第 6 音の間）が全音、（第 6 音と第 7 音の間）が半音になっている。これは「（第 2 音と第 3 音の間）および（第 5 音と第 6 音の間）が半音であり、他はすべて全音の関係になっている」という短音階の条件を満たさない。

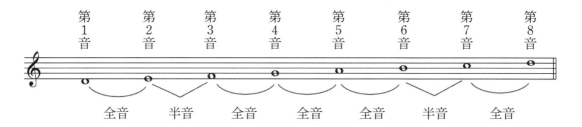

b) そこで、第 6 音を♭によって半音下げる。すると「（第 2 音と第 3 音の間）および（第 5 音と第 6 音の間）が半音であり、他はすべて全音の関係になっている」という短音階の定義を満たす。

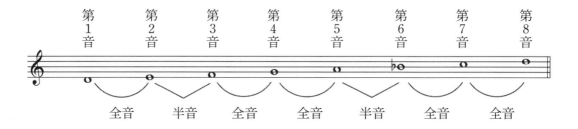

c) このようにして、ニ音を主音とするニ調短音階ができる。ニ調短音階の場合、ロ音には常に♭がつくので、一般的には調号を使って次のように表す。

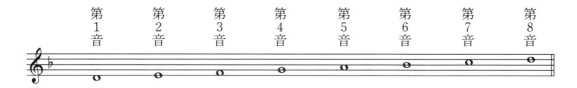

♭を調号として、♭が 1 つずつ増えていく長音階は全部で 7 種類あり、次のようになる。

【音階】　　　　　　　　　　【調号と主音】

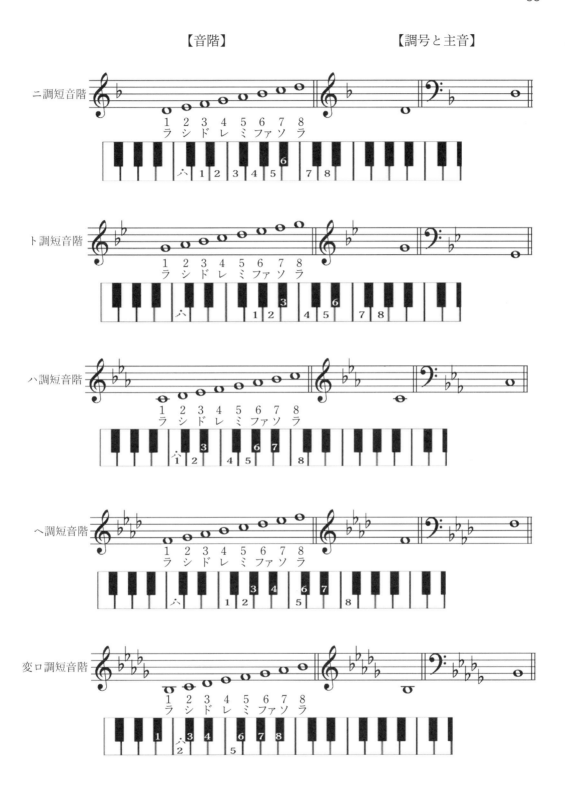

【音階】　　　　　　　　　【調号と主音】

変ホ調短音階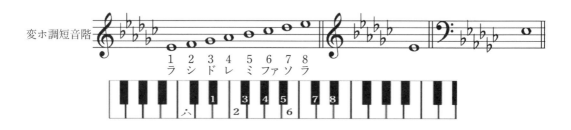

変イ調短音階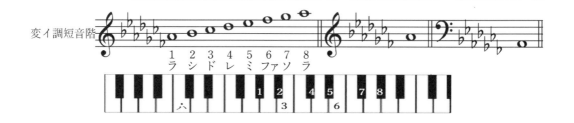

5-2-5. 短音階の種類

　ここまで見てきたように、短音階は第1音から第8音までが「全音・半音・全音・全音・半音・全音・全音」という間隔で並んでいた。これを正確には**自然短音階**と呼ぶ。短音階には、自然短音階の他に、**和声短音階・旋律短音階**の2種類が存在する。つまり、それぞれの主音につき自然短音階・和声短音階・旋律短音階の3種類が存在することになる。

(1)　和声短音階とは、「<u>自然短音階の第7音を臨時記号によって半音上げたもの</u>」である。同じ主音であれば、<u>**調号は、自然短音階と和声短音階で変わらない。**</u>

【例1】ホ調和声短音階は以下のようになる。

① ホ調自然短音階とホ調和声短音階で、調号は変わらない。

② 和声短音階では自然短音階の第7音「ニ」を臨時記号♯によって半音上げ「嬰ニ」にする。

【例 2】イ調和声短音階は以下のようになる。

① イ調自然短音階とイ調和声短音階で、調号はなしで変わらない。

② 和声短音階では自然短音階の第 7 音「ト」を臨時記号♯によって半音上げ「嬰ト」
　　にする。

【例 3】ハ調和声短音階は以下のようになる。

① ハ調自然短音階とハ調和声短音階で調号は変わらない。

② 和声短音階では自然短音階の第 7 音「変ロ」を臨時記号♮によって半音上げ「ロ」
　　にする。

(2)　旋律短音階とは、「**自然短音階の上行形の第 6 音と 7 音を臨時記号によって半音上
　　げたもの**」をいう。**同じ主音であれば、自然短音階と旋律短音階で調号は変わらな
　　い**。なお、上行形で臨時記号によって半音上げた第 6 音と 7 音は、**下行形の場合
　　は、臨時記号によって半音下げて元に戻さなくてはならない**。よって旋律短音階で
　　は、上行形と下行形を両方示す必要がある。

【例1】イ調旋律短音階は以下のようになる。

① イ調自然短音階とイ調旋律短音階では、調号はなしで変わらない。

② 旋律短音階の上行形では、自然短音階の第6音「ヘ」と第7音「ト」を臨時記号♯で半音上げ、「嬰ヘ」と「嬰ト」にする。

③ 旋律短音階の下行形では、上行形で半音上げた第7音「嬰ヘ」と第6音「嬰ト」を、臨時記号♮で半音下げ、「ヘ」と「ト」に戻す。

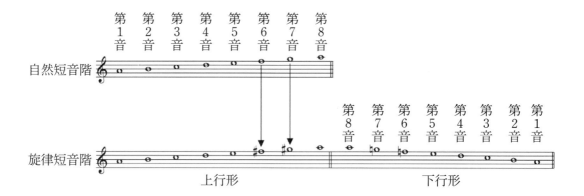

【例2】ト調旋律短音階は以下のようになる。

① ト調自然短音階とト調旋律短音階では、調号は変わらない。

② 自然短音階の第6音は調号によって「変ホ」、第7音は「ヘ」である。

③ 旋律短音階の上行形では、自然短音階の第6音の「変ホ」を臨時記号♮で半音上げて「ホ」にする。また自然短音階の第7音の「ヘ」を臨時記号♯で「嬰ヘ」にする。

④ 旋律短音階の下行形では、上行形の第7音の「嬰ヘ」を臨時記号♮で半音下げて「ヘ」に戻す。また上行形の第6音の「ホ」を臨時記号♭で半音下げて「変ホ」に戻す。

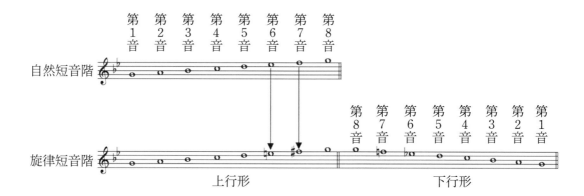

第3節　調名の見分け方

5-3-1. 調号から調名を判断する方法

同じ調号を持つ長調（長音階）と短調（短音階）がそれぞれ1つずつ存在する。

(1) 調号が♯の場合、<u>一番右側の♯のついた音の短2度（半音1つ分）上の音が、長調</u><u>（長音階）の主音</u>となる。また長調の主音の短3度下が、短調（短音階）の主音となる。

【例1】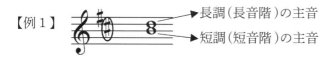

① 例1が長調（長音階）の場合

一番右側の♯のついた音は「嬰ハ」。その短2度（半音1つ分）上は「ニ」なのでニ長調（ニ調長音階）となる。

② 例1が短調（短音階）の場合

長調（長音階）の主音「ニ」の短3度下は「ロ」。よってロ短調（ロ調短音階）となる。

つまり、例1のように調号がついている場合、<u>ニ長調（ニ調長音階）かロ短調（ロ調</u><u>短音階）</u>のいずれかの可能性がある。

【例2】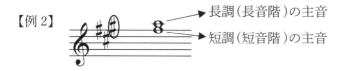

① 例2が長調（長音階）の場合

一番右側の♯のついた音は「嬰ト」。その短2度（半音1つ分）上は「イ」なのでイ長調（イ調長音階）となる。

② 例2が短調（短音階）の場合

長調（長音階）の主音イの短3度下は嬰ヘ。よって嬰ヘ短調（嬰ヘ調短音階）となる。

つまり、例2のように調号がついている場合、<u>イ長調（イ調長音階）か嬰ヘ短調（嬰</u>

<u>ヘ調短音階）</u>のいずれかの可能性がある。

(2) 調号が♭の場合、**右から2番目の♭のついた音が、そのまま長調（長音階）の主音**
となる。また**長調（長音階）の主音の短3度下が、短調（短音階）の主音**となる。

【例3】

① 例3が長調（長音階）の場合
　　右から2番目の♭のついた音は「変ロ」。よって変ロ長調（変ロ調長音階）となる。
② 例3が短調（短音階）の場合
　　長調（長音階）の主音である「変ロ」の短3度下は「ト」。よってト短調（ト調短
　　音階）となる。
つまり、例3のように調号がついている場合、**変ロ長調（変ロ調長音階）かト短調（ト**
調短音階）のいずれかの可能性がある。

【例4】

① 例4が長調（長音階）の場合
　　右から2番目の♭のついた音は「変イ」。よって変イ長調（変イ調長音階）となる。
② 例4が短調の場合
　　長調の主音である「変イ」の短3度下は「ヘ」。よってヘ短調（ヘ調短音階）となる。
つまり、例4のように調号がついている場合、**変イ長調（変イ調長音階）かヘ短調（ヘ**
調短音階）のいずれかの可能性がある。

（注）調号が♭1つの場合

① 長調（長音階）の場合

　　主音は「ヘ」で、ヘ長調（ヘ調長音階）となる。

② 短調（短音階）の場合

　　長調の主音である「ヘ」の短3度下は「ニ」。よってニ短調（ニ調短音階）となる。

つまり、調号が♭1つの場合、**ヘ長調（ヘ調長音階）かニ短調（ニ調短音階）**のいずれかの可能性がある。

(3)　調号なしの場合、**長調（長音階）の主音は「ハ」**で、**短調（短音階）の主音はその短3度下の「イ」**。つまり、**ハ長調（ハ調長音階）かイ短調（イ調短音階）**のいずれかの可能性がある。

5-3-2.　長調と短調の見分け方

　5-3-1. で学習したように、同じ調号を持つ長調（長音階）と短調（短音階）がそれぞれ1つずつ存在する。では、ある曲が長調と短調のどちらであるかを判断するには、どうすればよいのだろうか。もちろん、明るい曲は長調、暗い曲は短調という音楽的感覚で判断することもできる。しかし理論的には、曲の終わりは、その曲の調の主音で終わることが多いため、次のような手順で見分けることもできる。

① 調号を見て、長調と短調の可能性を1つずつ導く。

② 曲の終わりを見て、その曲の調の主音を推定し、長調か短調かを判断する。

【例1】　　　　　　　　　　　　　　　シャボン玉

　　　　　　　　　　　　　　　　　　　　　　　　　　　　　中山晋平

① 一番右側の♯のついた音は「嬰ハ」。その半音1つ上は「ニ」。「ニ」の短3度下は「ロ」。よってこの曲は**ニ長調かロ短調の可能性がある**。

② 曲の終わりの音は「ニ」である。よってこの曲の主音は「ニ」であり、**ニ長調である**。

【例2】　　　　　　　　　　　　赤い靴　　　　　　　　　　　　　　　　　本居長世

① 後ろから2番目の♭のついた音は「変ホ」。その短3度下は「ハ」。よってこの曲は
変ホ長調かハ短調の可能性がある。

② 曲の終わりの音は「ハ」。よってこの曲の主音は「ハ」であり、**ハ短調である**。

【例3】　　　　　　　　　　　　赤とんぼ　　　　　　　　　　　　　　　山田耕筰

① 後ろから2番目の♭のついた音は「変ホ」。その短3度下は「ハ」。よってこの曲は
変ホ長調かハ短調の可能性がある。

② 曲の終わりの音は「変ホ」。よってこの曲の主音は「変ホ」であり、**変ホ長調である**。

5-3-3. 5度圏

　ハ長調とイ短調から始まり、それぞれの主音を完全5度ずつ上に移行すると、12音すべての音を一巡する。このことを表した下の図を**5度圏**と呼ぶ。なお、ドイツ語で長調をdur、短調をmollと表す。また、一般的に長調の主音のドイツ名を大文字で、短調の主音のドイツ音名を小文字で示し、C-durやa-mollなどと表す。

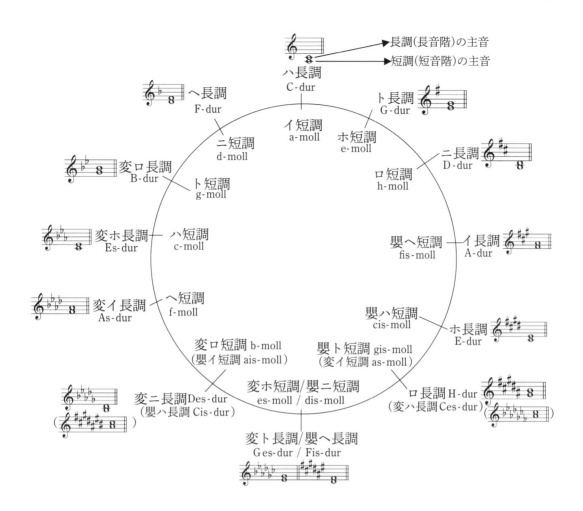

第4節　その他の音階

5-4-1. 半音階

　1オクターヴを12個の音で、半音1つずつ均等に分割した音階を**半音階**という。楽曲の中で装飾的・経過的に使われるものである。

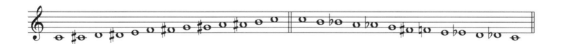

5-4-2. 日本の音階

（1）律音階

　日本の雅楽や 声 明 で用いられている音階。元々は中国から伝わった。

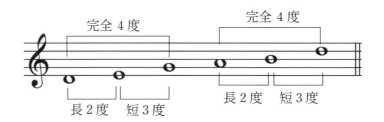

(2) 都節音階

箏曲や三味線などの和楽器での演奏楽曲に用いられている。

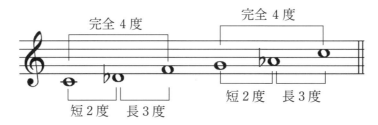

(3) 民謡音階

わらべうた、民謡などに用いられる音階である。

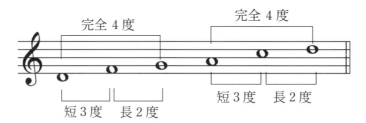

(4) 沖縄音階

日本の沖縄地方における音楽で用いられる音階である。

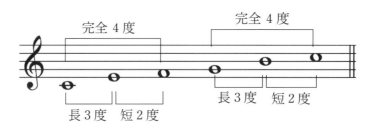

(5) ヨナ抜き音階

長音階の第4音と第7音を抜いていることから、この音階名がついている。日本のわらべうたや唱歌、歌曲などに多く使われる。

（6）スコットランドの音階

　日本のヨナ抜き音階と同じ構成をしている。スコットランド民謡などの楽曲に用いられている。

第6章　移調・転調・近親調

第1節　移調と転調

6-1-1. 移調

　移調とは、音程関係、拍子、リズムなどを変えることなく、ある曲の全体、もしくはフレーズの全体を、そのまま別の調に移動することをいう。移調前の調名を**原調**といい、移調先の調名を**新調（目的調）**という。移調する際には、次の点に留意する。

① 移調前の調名（原調）と、移調先の調名（新調）を把握する。主音が変わるのみで、調の長短は変わらない。

② 移調先の調名（新調）の調号と音部記号、拍子記号を書く。

③ 移調すべき音程の度数と種類に従って、すべての音符を移動する。この際、符尾や符鉤の方向に注意する。

④ 臨時記号がある場合は、臨時記号が正しく付けられているかどうかを確認する。

【例1】次の曲を完全4度上に移調しなさい。

① **原調はニ長調**。ニ長調の曲を完全4度移調するので、原調の主音の「ニ」も完全4度上に移動する。よって新調の主音は「ニ」の完全4度上の「ト」であり、**新調はト長調**となる。

② ト長調の調号を楽譜に書き込む。また高音部記号と拍子記号も書く。

③ すべての音符を4度上に移動する。**臨時記号がない場合は、度数のみに留意して機械的に4度上に移行する**。ただし、符尾や符鉤の方向に注意する。第2間以下の音符は符尾や符鉤を上に立て、第3線以上の音符は下に降ろす。

④ この例1には臨時記号がないため、④は省略できる。

二長調　　　ト長調

【例2】次の曲をト長調に移調しなさい。

① **原調はハ長調**。ハ長調の曲をト長調に移調するので、原調の主音の「ハ」が**完全5度上**の「ト」に移動する。

② ト長調の調号を楽譜に書き込む。また高音部記号と拍子記号も書く。

③ すべての音符を5度上に移動する。臨時記号がある場合は、まず臨時記号を除いて、**機械的に5度上に移行する**。ただし、符尾や符鈎の方向に注意する。第2間以下の音符は符尾や符鈎を上に立て、第3線以上の音符は下に降ろす。

④ 原調の楽譜で、臨時記号によって音がどのように変化しているかによって、新調の楽譜の臨時記号を決める。

1) 原調の楽譜の A_1 では、「ヘ」を臨時記号♯で半音高くしている。よって新調の楽譜②でも、「ハ」を半音高くするために、臨時記号♯をつけなくてはならない。

2) 原調の楽譜の B_1 では、「ロ」を臨時記号♭で半音低くしている。よって新調の楽譜②でも、「嬰ヘ」を半音低くするために臨時記号♮をつけなくてはならない。

3) 原調の楽譜の C_1 では、「変ロ」を臨時記号♮によって半音高くしている。よって新調の楽譜③でも、「ヘ」の音を半音高くするために臨時記号♯をつけなくてはならない。

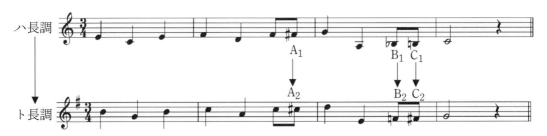

ハ長調　　　ト長調

6-1-2. 転調

　ある楽曲の進行中に、曲調や表現を変化させるために、別の調に移行することを**転調**という。もとの調を**原調**といい、転調後の調を**新調（目的調）**という。転調には、以下の２つの種類がある。

(1) 一時的に転調し、すぐに原調に戻る場合（＝経過的転調）

　速やかに原調に戻るために、調号はそのままで、臨時記号が使われる場合が多い。

Zärtliche Liebe

ベートーヴェン

(2) 比較的長い間転調するもの（確定的転調）

　転調が長い部分にわたり、時にはそのまま曲の終わりまで原調に戻らない場合もある。そのため、調号を変更することが多い。

第2節　近親調

　ある調（**主調**）と関連が強い調のことを**近親調**といい、それ以外の調を遠隔調と呼ぶ。近親調には、**平行調・同名調・属調・下属調**の4種類がある。

6-2-1.　平行調

　「同じ調号を持つ長短両調」の関係を、**平行調**という。例1のように、ハ長調はイ短調の平行調であり、イ短調はハ長調の平行調である。例2のように、ト長調はホ短調の平行調であり、ホ短調はト長調の平行調である。

【例1】

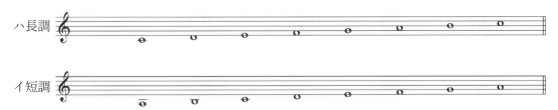

【例2】

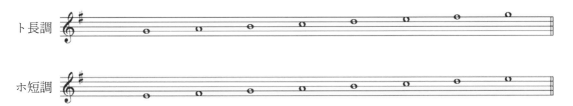

6-2-2.　同名調

　「主音を同じくする長短両調」は、互いに**同名調**の関係にある。例3のように、ハ長調はハ短調の同名調であり、ハ短調はハ長調の同名調である。主音（音階の第1音）が同じであることから、**同名調**を「同主調」ともいう。

【例 3】

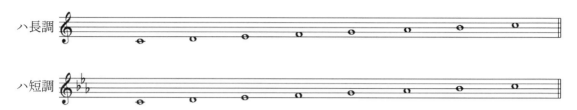

6-2-3. 属 調

「ある調の完全 5 度上の調」を**属調**という。すなわち属調は、**ある調の音階の属音（第 5 音）を主音とする調**である。例 4 のように、ハ長調の属調はト長調であり、例 5 のように、イ短調の属調はホ短調である。

【例 4】

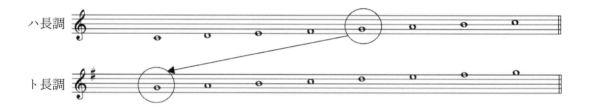

【例 5】

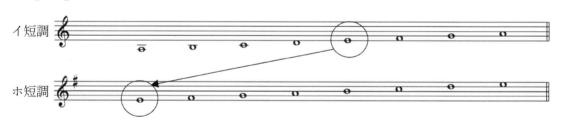

6-2-4. 下属調

「ある調の完全 4 度上の調」を**下属調**という。すなわち下属調は、**ある調の音階の下属音（第 4 音）を主音とする調**である。例 6 のようにハ長調の下属調はヘ長調であり、例 7 のようにニ短調の下属調はト短調である。

【例6】

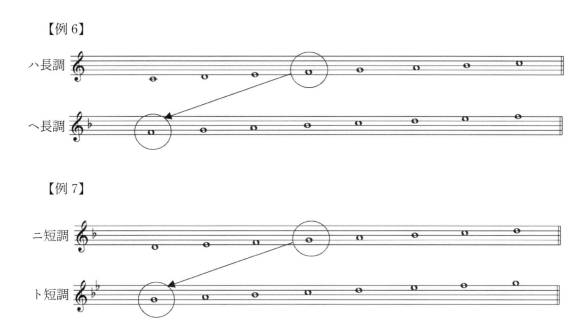

【例7】

以上のような近親調の関係を図示すると、以下のようになる。

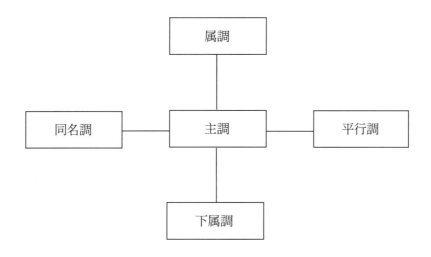

【例1】

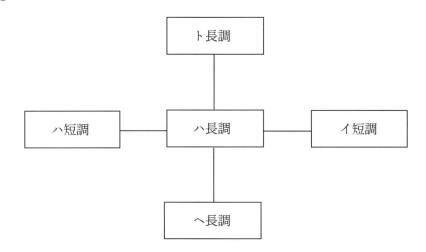

【例2】

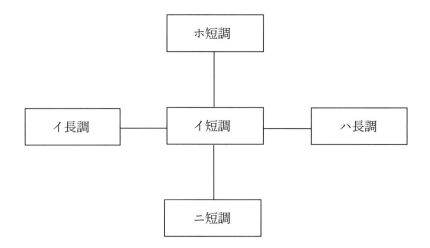

第7章　和音とコード・ネーム

第1節　和音

　和音とは、2つ以上の音が同時に響く際の合成音のことである。和音には三和音、四和音などの種類がある。

7-1-1. 三和音

　和音の中で最も基本的な形といえるのが、**三和音**である。三和音は、ある音（根音）の3度上（第3音）、さらにその3度上（第5音）に1つずつ音を積み重ねた3つの音からなる和音のことをさす。

第5音
第3音 }3度 }5度
根　音 }3度

7-1-2. 四和音（七の和音）

　三和音の3度上に、さらに第7音を積み重ねた4つの音からなる和音を、**四和音**という。根音から第7音までの音程の度数が7度であることから、四和音のことを**七の和音**とも呼ぶ。

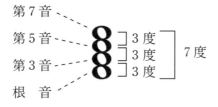

第7音
第5音 }3度
第3音 }3度 }7度
根　音 }3度

7-1-3. 三和音とコード・ネーム

　三和音には、長三和音・短三和音・増三和音・減三和音の4つの種類がある。それぞ

れの根音の英音名を使って、コード・ネームで表すことができる。

長三和音（メジャー・コード）

　長三和音では、根音・第3音・第5音の音程関係は下図のようになっている。下の例のように、英音名「C」を根音とする長三和音を、コード・ネームで「C（シー・メジャー）」と表す。

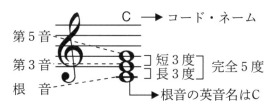

短三和音（マイナー・コード）

　短三和音では、根音・第3音・第5音の音程関係は下図のようになっている。下の例のように、英音名「D」を根音とする短三和音を、コード・ネームで「Dm（ディー・マイナー）」と表す。

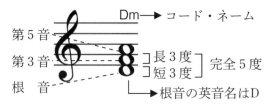

増三和音（オーグメンテッド・コード）

　増三和音では、根音・第3音・第5音の音程関係は下図のようになっている。下の例のように、英音名「F」を根音とする増三和音を、コード・ネームで「Faug（エフ・オーグメンテッド）」と表す。

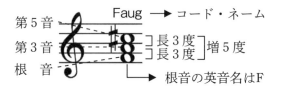

減三和音（ディミニッシュト・コード）

　減三和音では、根音・第3音・第5音の音程関係は下図のようになっている。下の例のように、英音名「E」を根音とする減三和音を、コード・ネームで「Edim（イー・ディミニッシュト）」と表す。

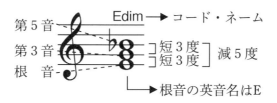

7-1-4.　四和音（七の和音）とコード・ネーム

　四和音（七の和音）の内、よく使われるのは、属七・長七・短七・減七の和音である。それぞれの根音の英音名を使って、コード・ネームをつけることができる。

属七の和音（ドミナント・セブンス・コード）

　属七の和音では、根音・第3音・第5音・第7音の音程関係は下図のようになっている。**長三和音＋短3度**という形である。下の例のように、英音名「C」を根音とする属七の和音を、コード・ネームで「C7（シー・ドミナント・セブンス）」と表す。

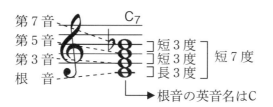

長七の和音（メジャー・セブンス・コード）

　長七の和音では、根音・第3音・第5音・第7音の音程関係は下図のようになっている。**長三和音＋長3度**という形である。下の例のように、英音名「C」を根音とする長七の和音を、コード・ネームで「CM7（シー・メジャー・セブンス）」と表す。

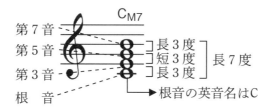

短七の和音（マイナー・セブンス・コード）

　短七の和音では、根音・第３音・第５音・第７音の音程関係は下図のようになっている。**短三和音＋短３度**という形である。下の例のように、英音名「D」を根音とする短七の和音を、コード・ネームで「Dm7（ディー・マイナー・セブンス）」と表す。

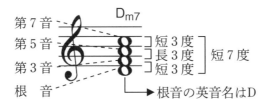

減七の和音（ディミニッシュト・セブンス・コード）

　減七の和音では、根音・第３音・第５音・第７音の音程関係は下図のようになっている。**減三和音＋短３度**という形である。下の例のように、英音名「B」を根音とする減七の和音を、コード・ネームで「Bdim7（ビー・ディミニッシュト・セブンス）」と表す。

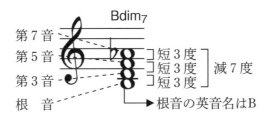

7-1-5. 主要三和音

　長音階（長調）と短音階（短調）の第１音から第７音までを根音として三和音を作ることができる。それらを順番に、Ⅰ度の和音、Ⅱ度の和音……、もしくは単にⅠの和音、Ⅱの和音……と呼び、それぞれにコード・ネームをつけることができる（※短調の場合は、和声短音階を使う）。

　また、Ⅰ度の和音を**主和音（T）**、Ⅳ度の和音を**下属和音（S）**、Ⅴ度の和音を**属和音（D）**と呼び、**この３つの三和音を主要三和音**という。残りのⅡ度・Ⅲ度・Ⅵ度・Ⅶ度の４つの三和音は、副三和音という。

　ある調の３つの主要三和音は、その調において極めて重要な役割を持ち、その調の曲の伴奏にもよく用いられる。また、属和音（D）の短３度上にもう１つ音を重ねた**属七の和音（D7）**も、**属和音の代わりとしてよく用いられる**。よって、**ある調の３つの主要三和音と属七の和音を見つけることが重要である**。

【例1】ハ長調の場合

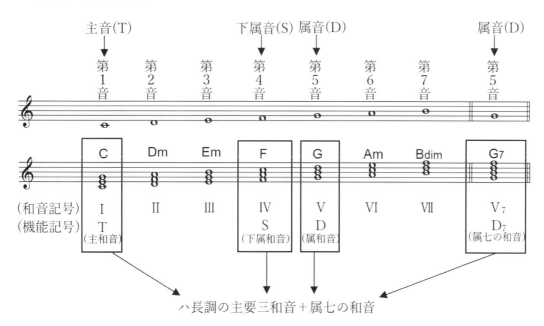

ハ長調の主要三和音＋属七の和音

- ・ハ長調のⅠ度の和音　＝　ハ長調の主和音　　　（T）　＝　C　（シー・メジャー）
- ・ハ長調のⅣ度の和音　＝　ハ長調の下属和音　　（S）　＝　F　（エフ・メジャー）
- ・ハ長調のⅤ度の和音　＝　ハ長調の属和音　　　（D）　＝　G　（ジー・メジャー）
- ・ハ長調のⅤ7の和音　＝　ハ長調の属七の和音　（D7）＝　G7（ジー・ドミナント・セブンス）

【例2】ヘ長調の場合

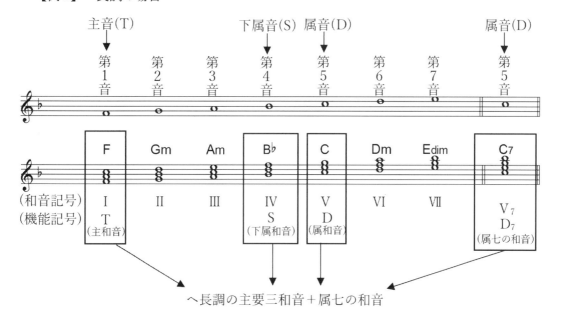

ヘ長調の主要三和音＋属七の和音

・ヘ長調のⅠ度の和音　＝　ヘ長調の主和音　　　（T）　＝ F（エフ・メジャー）

・ヘ長調のⅣ度の和音　＝　ヘ長調の下属和音　（S）　＝ B♭（ビーフラット・メジャー）

・ヘ長調のⅤ度の和音　＝　ヘ長調の属和音　　　（D）　＝ C（シー・メジャー）

・ヘ長調のV₇の和音　　＝　ヘ長調の属七の和音　（D₇）＝ C₇（シー・ドミナント・セブンス）

【例3】ニ長調の場合

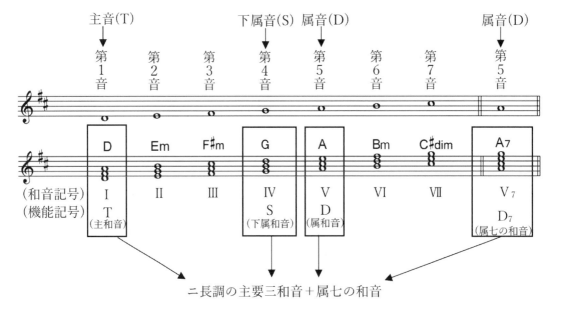

・ニ長調のⅠ度の和音　＝　ニ長調の主和音　　　（T）　＝ D（ディー・メジャー）

・ニ長調のⅣ度の和音　＝　ニ長調の下属和音　（S）　＝ G（ジー・メジャー）

・ニ長調のⅤ度の和音　＝　ニ長調の属和音　　　（D）　＝ A（エー・メジャー）

・ニ長調のV₇の和音　　＝　ニ長調の属七の和音　（D₇）＝ A₇（シー・ドミナント・セブンス）

【例4】イ短調の場合

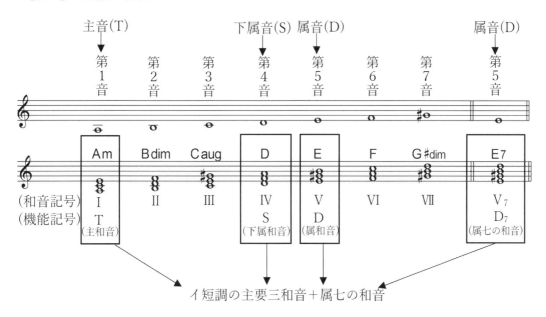

・イ短調のⅠ度の和音　＝　イ短調の主和音　　　（T）　＝　Am（エー・マイナー）

・イ短調のⅣ度の和音　＝　イ短調の下属和音　　（S）　＝　Dm（ディー・マイナー）

・イ短調のⅤ度の和音　＝　イ短調の属和音　　　（D）　＝　E　（イー・メジャー）

・イ短調のⅤ₇の和音　＝　イ短調の属七の和音　（D₇）　＝　E₇（イー・ドミナント・セブンス）

【例5】ニ短調の場合

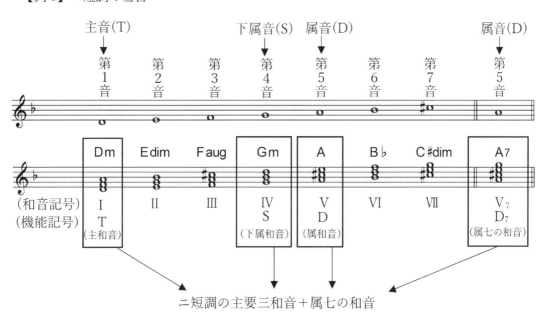

・ニ短調のⅠ度の和音　＝　ニ短調の主和音　　　（T）　＝　Dm（ディー・マイナー）

・ニ短調のⅣ度の和音　＝　ニ短調の下属和音　　（S）　＝　Gm（ジー・マイナー）

・ニ短調のⅤ度の和音　＝　ニ短調の属和音　　　（D）　＝　A　（エー・メジャー）

・ニ短調のV_7の和音　＝　ニ短調の属七の和音　（D_7）＝　A_7（エー・ドミナント・セブンス）

7-1-6. 和音の構成音の配置

　三和音や四和音などの和音の元々の形を、和音の**原型**という。原型では、和音の構成音が、**根音から順番に、重複なく３度ずつ**積み重ねられている。楽譜上で、音符が串団子状に隙間なく並んでいるのが特徴である。

【例】C（シー・メジャー）の原型

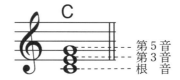

　しかし実際の楽曲では、和音の構成音は、ある音が重複したり、ある音を省略したりして使われる。次に示す和音はすべて、C（シー・メジャー）の原型に含まれる３つの構成音を使っている。よってコード・ネームは、すべてC（シー・メジャー）となる。このように、原型の構成音の種類は変えずに、構成音の順序や数を変えることを、**和音の配置を変える**という。なお、和音の配置が換わっても、構成音の名称（根音・第３音・第５音）は変わらない。

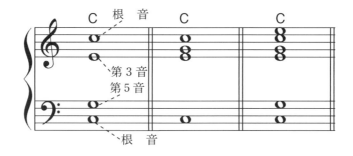

7-1-7. 和音の転回

　和音の配置を変えることを、**和音の転回**という。三和音においては、根音を最低音とする形を**基本形**、第３音を最低音とする形を**第一転回形**、第５音を最低音とする形を**第**

二転回形と呼ぶ。四和音の場合はさらに、第7音を最低音とする**第三転回形**まで存在する。

【例1】ハ長調のⅠ度の和音の転回形

　ハ長調のⅠ度の和音＝主和音＝C（シー・メジャー）の根音は英音名「C」、第3音が英音名「E」、第5音が英音名「G」である。よって英音名「C」を最低音とする形が基本形、英音名「E」を最低音とする形が第一転回形、英音名「G」を最低音とする形が第二転回形となる。

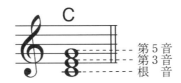

a）基本形

根音のCが最低音なので、全て基本形。コード・ネームもC（シー・メジャー）で変わらず、和音の度数もⅠで変わらない。

b）第一転回形

第3音のEが最低音なので、全て第一転回形。Ⅰ度の和音の第一転回形なのでⅠ¹と示すことがある。コード・ネームはC（シー・メジャー）で変わらないが、Eの音を最低音にしているので、C/Eと表記することがある。

80

c）第二転回形

第 5 音の G が最低音なので、全て第二転回形。Ⅰ度の和音の第二転回形
なので Ⅰ² と示すことがある。コード・ネームは C（シー・メジャー)で
変わらないが、G の音を最低音にしているので、C/G と表記することがある。

【例 2】ハ長調の V_7 の和音の転回形

　ハ長調の V_7 の和音＝属七の和音＝ G_7（ジー・ドミナント・セブンス）の根音は英
音名「G」、第 3 音が英音名「B」、第 5 音が英音名「D」、第 7 音が英音名「F」である。
よって英音名「G」を最低音とする形が基本形、英音名「B」を最低音とする形が第一転
回形、英音名「D」を最低音とする形が第二転回形、英音名「B」を最低音とする形が第
三転回形となる。

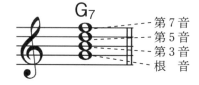

第 7 音
第 5 音
第 3 音
根　音

a）基本形

根音の G が最低音なので、全て基本形。コード・ネームも G_7（ジー・
ドミナント・セブンス)で変わらず、和音の度数も V_7 で変わらない。

b）第一転回形

▶　第3音のBが最低音なので、全て第一転回形。V_7の和音の第一転回形なの
でV_7^1と示すことがある。コード・ネームは G_7（ジー・ドミナント・セブンス）
で変わらないが、Bの音が最低音なので、G_7/Bと記すことがある。

c）第二転回形

▶　第5音のDが最低音なので、全て第二転回形。V_7度の和音の第一転回形なので
V_7^2と示すことがある。コード・ネームは G_7（ジー・ドミナント・セブンス）で
変わらないが、Dの音が最低音なので、G_7/Dと記すことがある。

d）第三転回形

　第7音のFが最低音なので、すべて第三転回形。V_7度の和音の第一転回形なので と
示すことがある。コード・ネームは G_7（ジー・ドミナント・セブンス）で変わらないが、
Fの音が最低音なので、G_7/F と記すことがある。

▶　第7音のFが最低音なので、全て第三転回形。V_7度の和音の第一転回形なので
V_7^3と示すことがある。コード・ネームは G_7（ジー・ドミナント・セブンス）で
変わらないが、Fの音が最低音なので、G_7/Fと記すことがある。

第2節　和声と伴奏づけ

　和音が連結して進行することを**和声**という。和声では、無理なく自然に複数の和音が連結し、終止する必要がある。本節の学習内容は、旋律に伴奏をつける際にも重要である。

7-2-1. 和音の連結法

　和音を連結して進行させる際には、以下のような規則が存在する。

（1）和音間に共通する音がある場合、その音は同じ声部に置かれる。

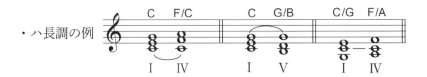

(2) 和音間に共通音がない場合、上の3音の進行を最低音に逆行させ、近くに進行させる。

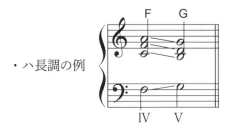

7-2-2. 終止形

　I～VII度の和音が、音階上にできることを学習したが、それぞれの和音には下の表のような機能がある。それぞれの機能を持つ三和音は、主要三和音が代表的だが、代理和音も同様の機能を持っている。

主要三和音	機能名	機能	代理和音
I度 （主和音）	T	調の中心和音で安定感があり、どの和音へも進行が可能。曲の最初や最後にはI度（主和音）の基本形が使われる。	VI度にも同様の機能がある。
IV度 （下属和音）	S	I度（主和音）、V度（属和音）の両方に進もうとする。	II度にも同様の機能がある。
V度 （属和音）	D	I度（主和音）に進もうとする性質を持つ。V_7（属七の和音）になると、その性質がさらに増す。	VII度も同様の機能を持つが、クラシックではあまり使われない。

※III度の機能は、場合によって異なる。

　これらの和音を規則に従って連結したものを、**終止形（カデンツ）**という。創作の際には、いくつもの終止形を連結して１つの楽曲を形づくる。その際、以下の規則がある。

　●曲の始まりと終わりは、Ⅰ度の和音の基本形（根音を最低音とする形）に限定される。

　●Ⅱ度→Ⅳ度、Ⅳ度→Ⅵ度、Ⅴ度→Ⅳ度の進行は原則として避けるべきである。

　終止形の三類型は、以下の通りである。

（1）第一型　T → D → T

①ハ長調の例

a）主要三和音を使った形

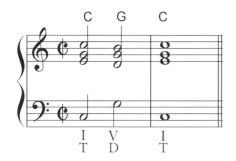

b）Ⅴ度の代理和音にⅦ度を使った形

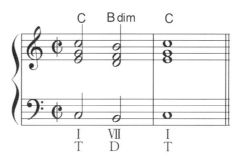

②ヘ長調の例

a）主要三和音を使った形

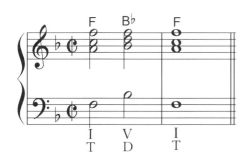

b）Ⅴ度の代理和音にⅦ度を使った形

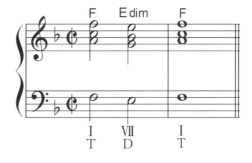

84

(2) 第二型　T → S → D → T

①ハ長調の例

a) 主要三和音を使った形

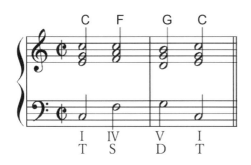

b) Ⅳ度の代理和音にⅡ度を使った形

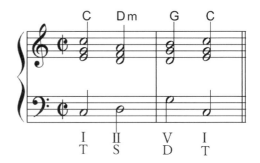

②ニ長調の例

a) 主要三和音を使った形

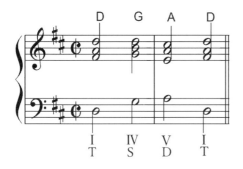

b) Ⅳ度の代理和音にⅡ度を使った形

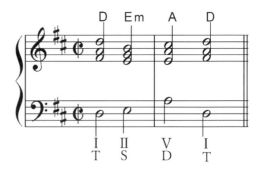

(3) 第三型　T → S → T

① ハ長調の例

a) 主要三和音を使った形

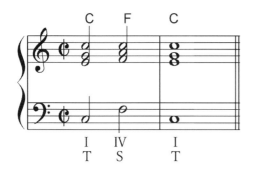

b) Ⅰ度の代理和音にⅥ度を使った形

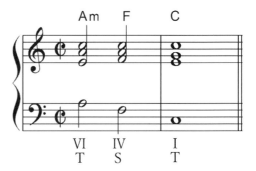

② ト長調の例

a) 主要三和音を使った形

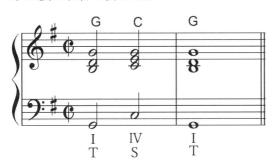

b) Ⅰ度の代理和音にⅥ度を使った形

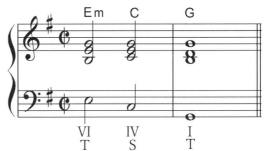

このように、終止形の三類型は、基本的には主要三和音によって作られるが、代理和音を用いることによって表現に変化をつけることができる。以下に、終止形の第一型と第三型を組み合わせた、最も基本的な例を挙げておく。

ハ長調の終止形例

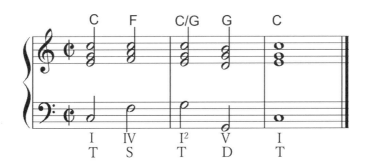

7-2-3. 終止法

音楽の終わりを終止といい、終止に向かうときの和音の進行を**終止法**という。終止法には、以下の4つの種類がある。

(1) 完全終止 ～Ⅴ→Ⅰ （～D→T）

日本語でいう句点「。」にあたる。最も曲の終止感が強い。

(2) 半終止 ～Ⅴ （～D）

日本語でいう読点「、」にあたる。一旦区切りをつけ、もう一度Ⅰの和音から再開する場合が多い。

(3) 変格終止 〜Ⅳ→Ⅰ （〜S→T）

　　日本語でいう句点「。」にあたる。宗教曲によく見られるので、アーメン終止ともいう。

(4) 偽終止 〜Ⅴ→Ⅵ （〜D→T）

　　日本語でいう読点「、」にあたる。完全終止への期待感を一時的に阻害するので、阻害終止ともいう。

7-2-4. 旋律への伴奏づけ

　旋律に伴奏づけをする際には、以下の点に留意する。

① 旋律の調を確認する。

② 旋律の調の主要三和音と属七の和音を確認する。

③ 小節ごとに、旋律の構成音と最もよく重なる和音を主要三和音から選ぶ。

【例】次の旋律に伴奏をつけなさい。

① 旋律の調は、調号がないことと、旋律の最後がハで終わっていることから、ハ長調。

② ハ長調の主要三和音は、Ⅰ度がC（ド・ミ・ソ）、Ⅳ度がF（ファ・ラ・ド）、Ⅴ度がG（ソ・シ・レ）、V_7がG$_7$（ソ・シ・レ・ファ）。

③ a) 第1小節→ドとミがあるので、Ⅰ度のC（ド・ミ・ソ）と最も共通音が多い。

　　b) 第2小節→ファとラがあるので、Ⅳ度のF（ファ・ラ・ド）と最も共通音が多い。

　　c) 第3小節→シとソがあるので、Ⅴ度のG（ソ・シ・レ）もしくはV_7のG$_7$（ソ・シ・レ・ファ）と最も共通点が多い。

　　d) 第4小節→旋律のドを含むのは、Ⅰ度のCとⅣ度のFだが、旋律の最後はⅠ度で終わることが多い。加えて、第3小節がⅤ度であり、Ⅴ度→Ⅳ度の進行は逆進行として避けるべきであることから、Ⅳ度ではなくⅠ度のC（ド・ミ・ソ）を選ぶべきである。

　以上を考えると、伴奏は以下のようになる。

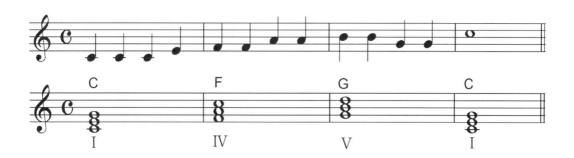

さらに和音の連結を考え、つとめて自然に進行させるならば、次のようになる。

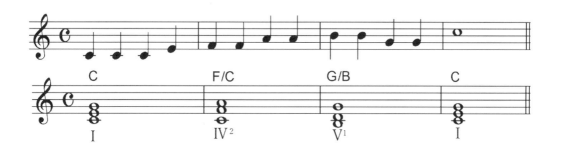

7-2-5. 非和声音

　実際の楽曲においては、伴奏和音の構成音のみによって旋律が作られているわけではない。和音の構成音以外の音も、旋律の流れの中で使われている。次の▼は、**非和声音**の例である。

春が来た

岡野貞一

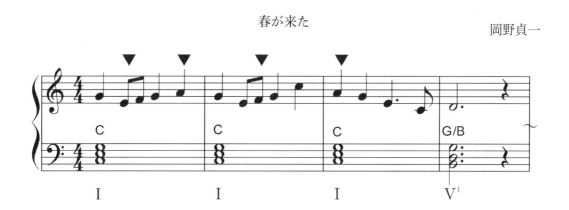

第8章　楽曲形式

　楽曲を構成する最小の単位を「動機」といい、普通は２小節から成る。この２小節が類似している場合などは「動機」をさらに２つに分け、１小節ずつを「部分動機」と呼ぶ。連続する２つの動機を「小楽節」といい、通常４小節から成る。さらに、連続する２つの小楽節を合わせて「大楽節」といい、通常８小節から成る。前半の小楽節を「前楽節」、後半の４小節を「後楽節」と呼ぶ。曲として成立するためには、原則として１つ以上の大楽節が必要であり、大楽節の最後は終止感を持っている場合が多い。

第１節　唱歌形式

　唱歌では、主に一部形式、二部形式、三部形式が存在する。

8-1-1.　一部形式

　大楽節１つの楽曲を<u>一部形式</u>といい、通常は８小節から成る。２つの小楽節のうち、前楽節には終止を感じず、後楽節の終わりに終止を感じることが多い。すなわち、後楽節の終わりはその曲の調の主音で終わっていることが多い。一部形式の曲は大楽節１つから成るため、曲の終止感がある箇所は原則として後楽節の終わりの１箇所である。

【例1】aa'型

大楽節A（8小節）━━┳━ 小楽節 a（前楽節・4小節）
　　　　　　　　　　┗━ 小楽節 a'（後楽節・4小節）

① 上の例1では、大楽節Aの8小節が、リズムも音程も類似する2つの小楽節によって成立しているので、それぞれ小楽節aと小楽節a'と呼ぶ。

② 前楽節の小楽節aは、主音で終わっていないので終止感がない。

③ 後楽節の小楽節a'は、ヘ長調の主音ヘで終わっているので終止感がある。

【例2】ab型

① 上の例2では、大楽節Aが、リズムも音程も異なる2つの小楽節によって成立しているので、それぞれ小楽節aと小楽節bと呼ぶ。

② 前楽節の小楽節aは、主音で終わっていないので終止感がない。

③ 後楽節の小楽節bは、ハ短調の主音ハで終わっているので終止感がある。

【例3】

かたつむり

文部省唱歌

① 上の例3では、終止感を感じるのが最後の小節の1カ所である。最後の小節は、ハ長調の主音ハで終わっているため、終止感がある。この場合は、3つの小楽節から成る大楽節1つの曲として捉え、曲の終止感がある箇所が1カ所なので、例外的に一部形式の曲と考えることができる。

② 今ひとつの考え方は、1段目と2段目の旋律を小楽節a, 小楽節a'、3段目の旋律を小楽節bと捉え、8-1-2. で述べる二部形式とする考え方である。

③ このように、楽曲の形式は、1つに絞ることができる場合もあるが、複数の解釈が可能な場合もあることに注意しなければならない。

8-1-2. 二部形式

　大楽節2つの楽曲を**二部形式**といい、通常は16小節から成る。2つの大楽節の最後は、共に終止感を感じる場合が多い。すなわち、2つの大楽節は、共にその曲の調の主音で終わっていることが多い。

【例4】aa'ba' 型

春の小川

岡野貞一

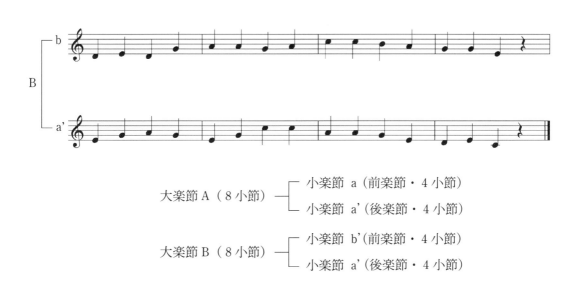

大楽節A（8小節）┬ 小楽節 a（前楽節・4小節）
　　　　　　　　└ 小楽節 a'（後楽節・4小節）

大楽節B（8小節）┬ 小楽節 b'（前楽節・4小節）
　　　　　　　　└ 小楽節 a'（後楽節・4小節）

上の例4では、

① 大楽節Aが、リズムも音程も類似する2つの小楽節aと小楽節a'によって成立している。小楽節aは主音で終わっていないために終止感がない。小楽節a'は、ハ長調の主音ハで終わっているため、終止感がある。

② 大楽節Bは、小楽節aとはリズムも音程も類似しない小楽節bと、大楽節Aに出てきた小楽節a'と全く同じ小楽節a'によって構成されている。小楽節a'は、ハ長調の主音ハで終わっているため、終止感がある。

【例5】aa'bb' 型

茶色の小瓶

J. ウインナー

大楽節 A（8 小節）┬── 小楽節 a（前楽節・4 小節）
　　　　　　　　　└── 小楽節 a'（後楽節・4 小節）

大楽節 B（8 小節）┬── 小楽節 b'（前楽節・4 小節）
　　　　　　　　　└── 小楽節 a'（後楽節・4 小節）

① 上の例 5 では、大楽節 A が、リズムも音程も類似する 2 つの小楽節 a と小楽節 a' によって成立している。小楽節 a は主音で終わっていないために終止感がない。小楽節 a' は、ハ長調の主音ハで終わっているため、終止感がある。

② 大楽節 B は、リズムも音程も類似する小楽節 b と、小楽節 b' によって構成されている。小楽節 b ' は、ハ長調の主音ハで終わっているため、終止感がある。

　このように、二部形式の曲は大楽節 2 つで成り、2 つの大楽節の最後は、共に終止感のある場合が多い。もちろん、二部形式の曲がすべてこのようになっているとは限らず、前半の大楽節では終止感を感じないものもある。

8-1-3. 三部形式

　大楽節3つ、もしくは小楽節3つによって構成されている曲を、**三部形式**という。なお、大楽節3つの曲と区別するために、小楽節3つの曲を「小三部形式」ということもある。

【例6】aba型（小三部形式）

きらきら星

フランス民謡

小楽節a―小楽節b―小楽節a

① まず、4小節からなる小楽節aが示される。

② 次に小楽節aとは異なる、4小節から成る旋律の小楽節bが示される。

③ 最後に、冒頭と同じ4小節から成る小楽節aが再現される。

【例7】ABA 型（三部形式）

七つの子

本居長世

演奏順：小楽節 A ―小楽節 B ―小楽節 A

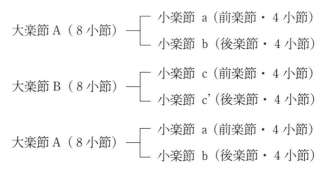

① 上の例7では、大楽節Aが、リズムも音程も異なる2つの小楽節aと小楽節bに
よって成立している。小楽節aは主音で終わっていないので終止感がない。小楽節
a'は、ト長調の主音トで終わっているので終止感がある。

② 大楽節Bは、リズムも音程も類似する2つの小楽節cと小楽節c'によって成立して
いる。2つの小楽節はどちらも主音で終わっていないので終止感がない。大楽節B
の最後に D.C. al Fine があるため、もう一度大楽節Aの最初に戻る。

③ 大楽節Aは、①の繰り返しである。

第2節　器楽曲の形式

　器楽曲の形式では、動機や楽節などの概念は唱歌形式と変わらないが、唱歌よりも規模が大きい形式が現れることがある。

8-2-1.　複合三部形式

　二部形式や三部形式をひとまとまりとし、3つ重ねた三部形式を**複合三部形式**という。

【例8】

メヌエット　ロ短調

滝廉太郎

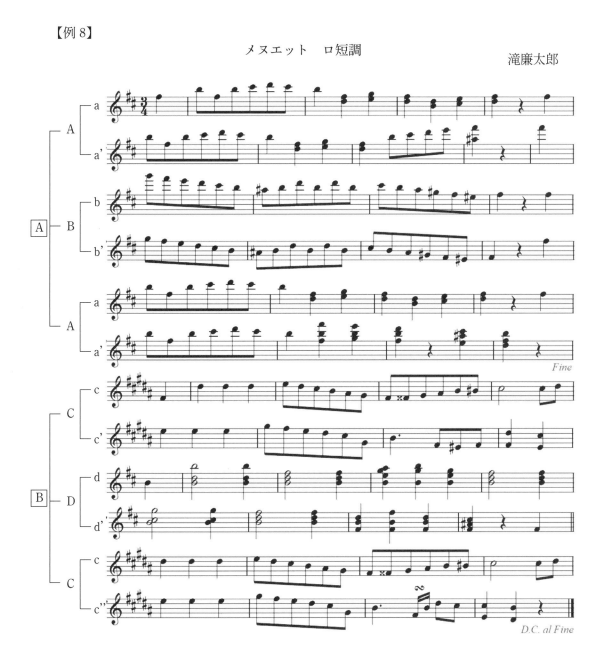

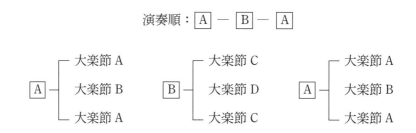

8-2-2. 変奏形式

　音楽的な1つのまとまりとなる旋律（主題）を、調性や装飾音、リズムなどを様々に変化させながら楽曲が進行する形式のことをさす。この形式を使った楽曲を「変奏曲」といい、主題から始まり、第一変奏、第二変奏……と順に変化していく。

8-2-3. ロンド形式

　ロンドとは「回る」の意味であり、同じ主題Aの中に挿入されるBやCの旋律との循環と対照の中で楽曲が進行する。主題が3回現れる小ロンド形式と、主題が4回現れる大ロンド形式とに分けられる。終わりにはコーダという終結のための部分が付け加えられることが多い。

　a）小ロンド形式　A – B – A – C – A

　b）大ロンド形式　A – B – A – C – A – B – A

8-2-4. ソナタ形式

　大規模な交響曲などにも用いられる形式である。大きく提示部・展開部・再現部の3つの部分から成るが、冒頭に導入部、最後にコーダ（終結部）が加わることもある。

　a）提示部

　互いに対照的な性質を持つ、第一主題と第二主題とが提示される。第一主題を主調とすると、第二主題は主調が長調の場合は属調、主調が短調の場合は平行調によって提示されることが多い。

　b）展開部

　提示部で提示された主題が、調性、リズム、強弱など、様々に形を変えながら展開される。

c) 再現部

　提示部で提示された主題が再現される。再現は、主調が長調の場合、第一主題、第二主題ともに主調で示され、主調が短調の場合、第一主題が主調、第二主題が同主調で示されることが多い。

第9章　声楽曲と器楽曲の種類・演奏形態

第1節　声楽曲の演奏形態と種類

9-1-1. 声楽曲の演奏形態

声楽においては、声の音質と音域で次のように分類されている。

女声	高声	中声	低声
	ソプラノ	メゾソプラノ	アルト

男声	高声	中声	低声
	テノール（テナー）	バリトン	バス

声楽曲には、以下のような演奏形態がある。

独唱（ソロ）	1人で歌う。多くはピアノや管弦楽などの伴奏をともなう。		
重唱（アンサンブル）	複数の声部を1人ずつ歌う。		
斉唱（ユニゾン）	同一の旋律を複数人で歌う。		
輪唱（カノン）	何組かに分かれて、同一の旋律の歌い出しを組ごとにずらし、追いかけるように歌う。歌い出しのタイミングによって、バリエーションをつけることができる。		
合唱（コーラス）	同声合唱	女声合唱	女声二部合唱（ソプラノ・アルト）
			女声三部合唱 （ソプラノ・メゾソプラノ・アルト）
			女声四部合唱 （第1、第2ソプラノ・第1、第2アルト）
		男声合唱	男声二部合唱 （テノール・バス）
			男声三部合唱 （テノール・バリトン・バス）
			男声四部合唱 （第1、第2テノール・バリトン・バス）
	混声合唱		混声三部合唱 （ソプラノ・アルト・テノール） または （ソプラノ・アルト・バス）
			混声四部合唱 （ソプラノ・アルト・テノール・バス）

9-1-2. 声楽曲の種類

声楽曲には、以下のような種類がある。

民謡	ある地方や国で歌われてきた歌。作詞者・作曲者は不詳であることが多い。古くから口承で歌い継がれてきたものが多く、民族性や地域性が色濃く反映されている。
芸術歌曲	ドイツ歌曲（ドイツ・リート）などに代表されるように、独唱とピアノ伴奏によって演奏されることが多い。文学作品の詩を歌詞とし、作曲されたものがよく見られる。
唱歌	明治期以降の日本で、西洋音楽を取り入れ、学校教育のために作られた歌。道徳的な歌詞が多く見られた。文部省唱歌などがこれにあたる。
童謡	大正期以降の日本で、子どもが歌うことを念頭に作詞・作曲された歌。童謡詩人の詩に作曲家が曲をつけたものが多い。作詞家として北原白秋、野口雨情、作曲家として山田耕筰、中山晋平、本居長世などが挙げられる。
わらべうた	手遊び歌・まりつき・数え歌など、子どもたちが日常生活で歌ってきた歌。口承で歌い継がれることがほとんどである。地域によって歌詞や旋律が違ったり、時の流れとともに変化したりする。
歌劇（オペラ）	声楽と管弦楽の演奏を中心に、ストーリー性を持たせた演劇的な作品。歌手が劇中の登場人物の役柄を担当する。そのほか、大道具・小道具・衣装などの美術・身体運動・文学的主題・言語など、芸術と総称される要素の多くが盛り込まれている。
オペレッタ	歌劇の規模が小さくなったもの。喜劇や風刺的なものも多い。
カンタータ	1人または複数人による独唱・重唱部分を含む合唱と、管弦楽による伴奏が組み合わされた声楽曲。
オラトリオ	声楽と管弦楽によって構成され、宗教的・道徳的なストーリー性のある歌詞といくつかの曲の組み合わせによって展開される楽曲。ただし、演技・大道具・衣装などはなく、演奏会形式で進められる点が歌劇（オペラ）と異なる。
ミサ曲	カトリック教会の儀式の際に歌うことを想定されて作られた楽曲。独唱・重唱部分を含む合唱に、管弦楽やピアノ等の伴奏がつけられる場合が多い。ただし、無伴奏（ア・カペラ）の曲も存在する。
レクイエム（鎮魂歌）	ミサ曲の一種で、死者の霊を鎮めるために作られた楽曲。

第2節　器楽曲の演奏形態と種類

9-2-1.　器楽曲の演奏形態

器楽曲には、以下のような演奏形態がある。

独奏	1人で、ある楽器を演奏する。伴奏がつく場合もある。		
重奏	二重奏 （デュエット）	ヴァイオリンとピアノ、フルートとピアノなど	
		弦楽二重奏（ヴァイオリンとビオラなど）	
	三重奏 （トリオ）	ピアノ三重奏（ヴァイオリン・チェロ・ピアノ）	
		弦楽三重奏（ヴァイオリン・ビオラ・チェロ）	
		金管三重奏（トランペット・ホルン・トロンボーン）	
	四重奏 （カルテット）	ピアノ四重奏（ピアノ・ヴァイオリン・ヴィオラ・チェロ）	
		弦楽四重奏（第1、第2ヴァイオリン・ヴィオラ・チェロ）	
	五重奏 （クインテット）	弦楽五重奏（第1、第2ヴァイオリン・第1、第2ヴィオラ・チェロ）	
		ピアノ五重奏（ピアノ・ヴァイオリン・ヴィオラ・チェロ・コントラバス）	
合奏	管弦楽 （オーケストラ）	弦楽器	ヴァイオリン・ヴィオラ・チェロ・コントラバス・ハープなど
		木管楽器	ピッコロ・フルート・オーボエ・クラリネット・サクソフォーン・ファゴットなど
		金管楽器	ホルン・トランペット・トロンボーン・チューバなど
		打楽器	ティンパニ・バスドラム（大太鼓）・スネアドラム（小太鼓）・シンバル・トライアングルなど
	吹奏楽	木管楽器・金管楽器・打楽器による合奏。コントラバスを加える場合もある。	
	弦楽合奏	弦楽器のみによる合奏。	

　なお、演奏形態において使われる楽器については、一例を示しているが、時代や作曲家によっては異なる楽器を使う場合もある。

9-2-2. 舞曲の種類

舞踊のために作られた楽曲である舞曲には、以下のような種類がある。

メヌエット	フランスの宮廷舞踊のための曲。$\frac{3}{4}$もしくは$\frac{3}{8}$拍子によって成り立つ優美な楽曲。
ワルツ（円舞曲）	ドイツやオーストリアに起源を持つ。3拍子の楽曲が多いが、テンポは遅いものと速いものがある。
タランテラ	イタリア発祥の$\frac{6}{8}$拍子または$\frac{3}{8}$拍子の情熱的な舞曲。主に複数人での舞踊に使われた。ピアノ初学者にはブルグミュラーの練習曲のタランテラが有名だが、他にも多くの作曲家がタランテラを作曲している。
ポルカ	ボヘミア地方発祥の舞曲。テンポが速く、躍動的な楽曲が多い。19世紀の多くの舞踏会で用いられた。
マーチ	行進曲。人間が音楽に合わせて歩くことを想定して作られるため、2拍子の曲が多い。現代では運動会などの行事や入学式・卒業式などの儀式において、入退場行進の曲として使われることもある。
ボレロ	スペイン発祥の舞曲。$\frac{3}{4}$拍子の楽曲が多く、カスタネットなどと共に演奏されることも多い。
タンゴ	スペインのイベリア半島からアルゼンチンなどで発展した舞曲。シンコペーションを含む独特のリズムパターンが特徴。
ポロネーズ	ポーランド発祥の民族舞踊曲。$\frac{3}{4}$拍子の楽曲が多い。ゆったりとした行進曲風のリズムが生み出す堂々とした雰囲気が特徴である。ショパンの「ポロネーズ第6番（英雄ポロネーズ）」などが広く知られる。
ガヴォット	フランス発祥の舞曲。多くは$\frac{2}{2}$拍子か$\frac{4}{4}$拍子の楽曲である。組曲の中に挿入されることもある。

9-2-3. 規模の小さい器楽曲の種類

単一楽章から成るなど、比較的規模が小さい器楽曲には以下の種類がある。

序曲（オーヴァチュア）	オペラや組曲、劇音楽などが始まる前に、器楽のみで演奏される楽曲。
前奏曲（プレリュード）	大規模な楽曲の前に演奏される器楽曲。それ自体が独立した楽曲となっているものもある。
小夜曲（セレナード）	夜に恋人の家の窓下などで、愛を示すために歌う歌や演奏する楽曲。
練習曲（エチュード）	元来は、演奏技巧を高め、習得することに特化した楽曲を意味した。のちにショパンやリストが、音楽性も高く、演奏会でも演奏される練習曲を作曲した。

間奏曲（インテルメッツォ）	歌劇の中間部分や、多楽章から成る楽曲の、楽章と楽章の間に演奏される曲。
即興曲（アムプロンプチュ）	作曲家の音楽的な想起によって思いつくままに書かれた曲であり、形式も自由な楽曲。
狂詩曲（ラプソディ）	形式は自由であり、民族的な主題を扱うことが多い。主題や雰囲気が次々に激しく変化する楽曲。
幻想曲（ファンタジー）	現実離れしたファンタジックな曲調の楽曲という意味。形式は多様である。
夜想曲（ノクターン）	自由な発想で作られた比較的短い楽曲で、抒情的な曲想であることが多い。小夜曲と似た性格を持つ。
バラード	元々は声楽曲であったが、器楽曲としても作曲されるようになった。物語性があり抒情的な曲調であることが多い。
無言歌（リート・オーネ・ヴォルテ）	歌のような旋律を持つ器楽曲を指す。無言歌の代表的な作曲家はメンデルスゾーンである。
諧謔曲（スケルツォ）	元々はおどけた曲調という意味を持つ。軽快なテンポであり、3拍子の楽曲が多い。

9-2-4. 大規模な器楽曲の種類

複数の楽章から成るなど、規模が大きい器楽曲には以下の種類がある。

組曲	独立した、性質の異なるいくつかの曲を組み合わせることによって成り立つ楽曲。
室内楽曲	三重奏、四重奏など、少人数の重奏（アンサンブル）で演奏することを想定して作られた楽曲。
奏鳴曲（ソナタ）	通常は4つの楽章から成り、「ソナタ形式」による楽章が含まれる楽曲。
協奏曲（コンチェルト）	管弦楽（オーケストラ）と、ピアノやヴァイオリンなどの独奏楽器が合奏するための楽曲。3つの楽章から成ることが多い。
交響曲（シンフォニー）	管弦楽（オーケストラ）のために作られたソナタであり、ソナタ形式の楽章を含む楽曲。

第10章　　著名な音楽家たち

作曲家名	代表曲	概要
ヴィヴァルディ (1678-1741)	・ヴァイオリン協奏曲「四季」	イタリアのヴェネツィア生まれ。バロック音楽を代表する作曲家。近代音楽の基礎を築いた。
J. S. バッハ (1685-1750)	・トッカータとフーガ ニ短調 ・小フーガト短調 ・G線上のアリア	ドイツ生まれ。後世の音楽家の手本とされ、**音楽の父**とも呼ばれる。バロック時代の作曲技法を統合し、多くの名曲を残した。
ヘンデル (1685-1759)	・オラトリオ「メサイア」（ハレルヤコーラス） ・オペラ「リナルド」「セルセ」 ・歌曲「ラルゴ」	ドイツ生まれ。声楽曲から器楽曲まで多数を作曲。オペラ界においても活躍をみせた。ヘンデルのオペラの中のアリアは、古典イタリア歌曲としても有名。
グルック (1714-1787)	・オペラ「オルフェオとエウリディーチェ」	ドイツ生まれ。ウィーンやパリで歌劇作曲家として活躍した。従来のイタリア・オペラの様式の改革のために尽力した。
ハイドン (1732-1809)	・オラトリオ「天地創造」「四季」 ・交響曲「驚愕」	オーストリア生まれ。独学で作曲を学ぶ。器楽曲における多くの楽曲形式の基礎を築いたことによって**交響曲の父**と呼ばれる。
モーツァルト (1756-1791)	・オペラ「魔笛」「フィガロの結婚」「ドン・ジョバンニ」 ・交響曲「ジュピター」 ・レクイエム K.626 ・合唱曲「アヴェ・ヴェルム・コルプス」	オーストリア生まれ。古典派の天才作曲家。幼い頃から才能を開花させた。各地での演奏旅行で名声を得たモーツァルトは、35歳で没するまで、交響曲・オペラ・歌曲など600曲以上もの作品を残した。
ベートーヴェン (1770-1827)	・交響曲「運命」「合唱」 ・ピアノソナタ「月光」「悲愴」「熱情」 ・弦楽四重奏曲（全16曲） ・協奏曲など多数	ドイツ生まれ。古典派の代表ともいえる作曲家。聴力を失いながらも、名曲を多く残した。晩年には、ロマン派の萌芽を感じさせる楽曲も作り、後世に多大なる影響を与えた。**楽聖**と仰がれる。

作曲家名	代表曲	概要
ロッシーニ (1792-1868)	・オペラ「セビリアの理髪師」「ウィリアム・テル」	イタリア生まれのオペラ作曲家。管弦楽が音量を徐々に強くしながらフレーズを反復する作曲技法は「ロッシーニ・クレッシェンド」とも呼ばれる。
シューベルト (1797-1828)	・歌曲集「冬の旅」「美しき水車小屋の娘」 ・歌曲「魔王」「野ばら」「アヴェ・マリア」 ・ピアノ五重奏「ます」	オーストリア生まれ。オペラ・交響曲など多くのジャンルで作曲を行う。とりわけ歌曲の作曲に秀で、31年の生涯で600曲以上もの歌曲を残し**歌曲の王**と称される。
ベルリオーズ (1803-1869)	・「幻想交響曲」 ・序曲「ローマの謝肉祭」	フランス生まれ。管弦楽曲の従来の形式に新しい風を吹き込もうと努力したことから、**管弦楽法の父**と呼ばれる。
メンデルスゾーン (1809-1847)	・ピアノ曲集「無言歌」 ・「真夏の夜の夢」 ・ヴァイオリン協奏曲ホ短調	ドイツ生まれ。旋律の美しさや変化の豊かさから**音楽の画家**といわれる。指揮者としても活躍した。交響曲・ピアノ曲など数多くを作曲した。
ショパン (1810-1849)	・ピアノ曲「エチュード」「ワルツ」「バラード」「即興曲」「ポロネーズ」「スケルツォ」「ノクターン」等多数。 ・ピアノ協奏曲「ホ短調」	ポーランド生まれ。ピアニストとして幼少期から名声を得た。その生涯で多くのピアノ曲を作曲した。**ピアノの詩人**といわれる彼の楽曲はロマンにあふれ、現代も人々を魅了している。
シューマン (1810-1856)	・歌曲集「詩人の恋」 ・ピアノ曲「謝肉祭」「子供の情景」 ・合唱曲「流浪の民」 ・ピアノ五重奏曲 op.44	ドイツ生まれ。ライプツィヒ大学では法律を学ぶが、音楽に情熱を燃やす。ピアニストを志すも指の故障で断念。作曲で身を立てる決心をし、ロマン派を代表する作曲家となった。
リスト (1811-1886)	・ピアノ曲「ハンガリー狂詩曲」「パガニーニによる超絶技巧練習曲集」 ・交響詩「前奏曲」	ハンガリー生まれ。世界的なピアノの名手であり、その演奏技巧を生かした名曲を数多く残した。指揮者としても活動し、**交響詩**の創始者ともされる。
ワーグナー (1813-1883)	・オペラ「タンホイザー」「ローエングリン」 ・楽劇「トリスタンとイズルデ」「ニーベルングの指輪」「ニュルンベルクのマイスタージンガー」	ドイツ生まれ。個々の芸術分野を統合した「総合芸術」という概念のもとで、従来のオペラの形式とは一線を画する**楽劇**の創始者となった。歌劇場の建築などにも携わった。

作曲家名	代表曲	概要
ヴェルディ (1813-1901)	・オペラ「オテロ」「椿姫」「トロヴァトーレ」「アイーダ」 ・宗教曲「レクイエム」	イタリア生まれ。オペラ作家として大規模なオペラを数多く作曲した。ストーリーに合わせて劇的な盛り上がりをみせる音楽で、イタリア・オペラの一時代を築いた。
スメタナ (1824-1884)	・交響詩「わが祖国」(モルダウ) ・オペラ「売られた花嫁」	チェコスロバキア生まれ。ピアニストとして頭角を現す。のちに作曲家としても活躍し、チェコ音楽の創始者となった。
ブルックナー (1824-1896)	・交響曲第4番「ロマンティック」 ・宗教曲「レクイエム」	オーストリア生まれ。オルガニストとして活動し、ウィーン国立音楽院の教授として教鞭をとった。交響曲や宗教曲を多く作曲した。
フォスター (1826-1864)	・歌曲「おおスザンナ」「ケンタッキーのわが家」「主は冷たき土の中に」「夢路より」	アメリカ生まれ。歌曲を中心に作曲活動を行った。郷愁や愛情などのテーマと、親しみやすい旋律が特徴。黒人霊歌も作曲した。
ブラームス (1833-1897)	・「大学祝典序曲」 ・「ドイツ・レクイエム」 ・交響曲第1番 ・ヴァイオリン協奏曲ニ長調	ドイツ生まれ。優れたピアニストでもあった。作曲家としては交響曲・室内楽曲・管弦楽曲・ピアノ曲・宗教曲など名曲を残した。
サン＝サーンス (1835-1921)	・オペラ「サムソンとデリラ」 ・交響曲第3番「オルガン付き」 ・組曲「動物の謝肉祭」	フランス生まれ。オルガニストでありピアニストでもあった。オペラ・交響曲・管弦楽曲など多数を作曲し、近代フランス音楽を代表する作曲家となった。
ビゼー (1838-1875)	・オペラ「真珠採り」「カルメン」 ・組曲「アルルの女」	フランス生まれ。作曲家としてはオペラ作曲に力を注いだ。37歳で早世する不遇の生涯だったが、没後、その作品が評価された。
チャイコフスキー (1840-1893)	・舞踊組曲「くるみ割り人形」「白鳥の湖」「眠りの森の美女」 ・交響曲第6番「悲愴」 ・ヴァイオリン協奏曲ニ長調	ロシア生まれ。法律を学び官吏となるが、のちに作曲家に転身。作曲した交響曲・舞踊音楽・協奏曲は現在も受け継がれる名曲揃いである。
ドボルザーク (1841-1904)	・交響曲第9番「新世界より」 ・ピアノ五重奏曲第2番 ・チェロ協奏曲ロ短調 ・弦楽四重奏曲第12番「アメリカ」	ボヘミア（現在のチェコ）生まれ。チェコ民族主義的な音楽の発展に尽力した。またアメリカ音楽や黒人霊歌を自らの作曲に取り入れた。

作曲家名	代表曲	概要
グリーグ (1843-1907)	・劇音楽「ペール・ギュント」（第1組曲 第1曲「朝」） ・ピアノ協奏曲イ短調	ノルウェー生まれ。ライプツィヒ音楽院でピアノと作曲を学んだ。ノルウェー民族音楽を推進し、自らの楽曲にも積極的に取り入れた。
フォーレ (1845-1924)	・宗教曲「レクイエム」op.48 ・宗教曲「パヴァーヌ」op.50 ・歌曲「夢のあとで」	フランス生まれ。オルガニスト、ピアニストとしても活躍した。近代フランスを代表する作曲家の1人。ドビュッシー、ラヴェルなど、印象派作曲家への橋渡し的な存在。
プッチーニ (1858-1924)	・オペラ「トスカ」「ボエーム」「トゥーランドット」「蝶々夫人」「マノン・レスコー」	イタリア生まれ。イタリア・オペラを代表する大曲を次々と生み出した。日本や中国を題材として取り入れたことも特筆すべきであろう。
ヴォルフ (1860-1903)	・「メーリケの詩による歌曲集」 ・「ゲーテの詩による歌曲集」 ・「スペイン歌曲集」	オーストリア生まれ。ウィーン音楽院を中退。ドイツ・リートを中心に多数の歌曲を作曲した。音楽雑誌の評論家としても活動した。
マーラー (1860-1911)	・歌曲集「亡き子をしのぶ歌」 ・交響曲第1番ニ短調 ・交響曲イ短調「大地の歌」	ボヘミア生まれ。交響曲と歌曲を中心に作曲活動を展開したほか、指揮者としても活躍した。交響曲は、長大で複雑でありながら、現代でも愛される精緻さと独自性を有する。
シベリウス (1865-1957)	・交響曲第5番 ・交響詩「フィンランディア」 ・交響組曲「レンミンカイネン」（「トゥオネラの白鳥」）	フィンランド生まれ。ロシア帝国の統治下で、フィンランドへの愛国的な楽曲も生み出した。交響詩や交響曲の分野で高く評価される。
ドビュッシー (1862-1918)	・ピアノ曲「ベルガマスク組曲」「喜びの島」 ・交響詩「海」 ・管弦楽曲「夜想曲」「牧神の午後への前奏曲」	フランス生まれ。音楽史では**印象派の創始者**と位置づけられる。従来の音楽形式の枠組みにとらわれない音楽を模索し、民族音楽の要素を取り入れるなど新たな試みも行った。
R. シュトラウス (1864-1949)	・交響詩「ドン・ファン」「マクベス」「英雄の生涯」 ・オペラ「サロメ」「ばらの騎士」「ナクソス島のアリアドネ」	ドイツのミュンヘン生まれ。交響詩とオペラの分野で才能を発揮した作曲家。ナチスドイツ統治下のドイツ帝国音楽院で、総裁の地位に就いた。

作曲家名	代表曲	概要
ラフマニノフ (1873-1943)	・ピアノ協奏曲第2番ハ短調 ・交響曲第2番ホ短調 ・交響詩「死の鳥」 ・前奏曲嬰ハ短調	ロシア生まれ。長身と大きな手を生かしピアノの名手となった。指揮者としても活躍。作曲家としては交響曲、ピアノ協奏曲などを多く作曲した。
シェーンベルク (1874-1951)	・管弦楽曲「浄められた夜」「管弦楽のための変奏曲」 ・独唱曲「月に憑かれたピエロ」 ・合唱曲「グレの歌」「ワルシャワの生き残り」	オーストリア生まれ。従来の調性音楽から脱却し、無調音楽を実現するために「12音音楽」の方法を生み出す。ナチスドイツからアメリカに逃れ、大学教員として後進の育成に尽力した。
ラヴェル (1875-1937)	・管弦楽曲「ボレロ」 ・ピアノ曲「水の戯れ」「亡き王女のためのパヴァーヌ」 ・ピアノ組曲「マ・メール・ロワ」 ・交響詩「スペイン狂詩曲」	フランス生まれ。フランス近代音楽を代表する作曲家。作曲したピアノ曲を、舞踊曲や管弦楽曲に自ら編曲することも多かった。精緻さと大胆さを兼ね備えた楽曲を多数残した。
レスピーギ (1879-1936)	・交響詩「ローマの噴水」「ローマの松」「ローマの祭り」 ・管弦楽組曲「リュートのための古風な舞曲とアリア」	イタリア生まれ。ヴァイオリンおよびビオラ奏者から作曲家に転身。中世・ルネッサンス・バロックなど、古典派以前の要素を近代の要素と融合させ、独自の魅力を持つ楽曲を残した。
バルトーク (1881-1945)	・ピアノ協奏曲第1番 ・オペラ『青ひげ公の城』 ・ピアノ曲「15のハンガリーの農民の歌」 ・声楽曲「カンタータ・プロファーナ」	ハンガリー生まれ。民族音楽に強い関心を持ち、とりわけ祖国ハンガリーの民謡の要素を自らの作曲活動に取り入れた。ピアニストとしても非凡な才能の持ち主であった。
ストラヴィンスキー (1882-1971)	・管弦楽曲「花火」 ・舞踊曲「火の鳥」「ペトルーシカ」「春の祭典」	ロシア生まれ。指揮者、ピアニストでもあった。舞踊曲の分野で特に有名である。晩年には12音技法を導入するなど、作風を次々に変えた作曲家であった。
プロコフィエフ (1891-1953)	・オペラ「三つのオレンジへの恋」 ・舞踊曲「ロメオとジュリエット」 ・管弦楽曲「ピーターと狼」 ・交響曲第1番ニ短調「古典」 ・交響組曲「キージェ大尉」	帝政ロシア生まれ。旧ソビエト連邦を代表する作曲家の1人。ピアニストでもあった。アメリカやドイツなどを転々としながら、名曲を作り続けた。

作曲家名	代表曲	概要
ハチャトゥリアン (1903-1978)	・管弦楽曲「仮面舞踏会」 ・舞踊組曲「ガイーヌ」（剣の舞）	現在のジョージア出身。旧ソビエト連邦において活躍した作曲家である。民族的な響きを巧みに楽曲の中に取り入れた。
ショスタコーヴィチ (1906-1975)	・交響曲第5番、第7番 ・オラトリオ「森の歌」 ・弦楽四重奏曲第8番 ・ピアノ曲「24の前奏曲とフーガ」	ロシア生まれ。クラシックからポピュラー音楽まで幅広く才能を発揮した。20世紀を代表する作曲家の1人。特に交響曲や弦楽曲で名曲を残した。
メシアン (1908-1992)	・管弦楽曲「キリストの昇天」 ・オルガン曲「主の降誕」 ・歌劇「アッシジの聖フランチェスコ」 ・ピアノ曲「鳥たちの小スケッチ」	フランス生まれ。ピアノやオルガンの演奏者、音楽教育者としても著名。キリスト教をテーマとする作品から、独奏楽器や鳥の声による実験的な作品まで、幅広く作曲した。
ケージ (1912-1992)	・プリペアド・ピアノ曲「バッカナール」「ソナタとインターリュード」 ・ピアノ曲「易の音楽」 ・随意楽器曲「4分33秒」	アメリカ生まれ。自ら考案したプリペアド・ピアノのための楽曲を多く作曲。音楽に偶然性や沈黙の要素を導入し、独自の音楽思考を展開し、具現化した。
ブリテン (1913-1976)	・オペラ「ピーター・グライムズ」「夏の夜の夢」 ・合唱曲「戦争レクイエム」 ・管弦楽曲「シンフォニア・ダ・レクイエム」	イギリス生まれ。指揮者やピアニストとしても非凡であった。伝統的な和声法に基礎づけられた作品を作曲する一方、前衛音楽にも興味を示した。

おわりに

　音楽の歴史は、先人の残したルールや規則と、音楽の自由とを両立するための葛藤と試行錯誤の歴史である。その過程で偉大な音楽家たちは、自由の素晴らしさと苦しさを同時に知った。自由な音楽は素晴らしい。しかし自由のために既存のルールや規則を排除した瞬間、手にした自由は泡のように消え去ってしまう。自由を求めれば求めるほど、新たに依拠すべきルールや規則が必要となる。そして遂に、ルールは自由の対極にあるのではなく、自由と同時に存在すべきものだと気付いたのである。あたかも、生の喜びと死の恐怖が同時にしか存在しえないように。

　本書は教員や保育者を目指す人を対象にしている。教育・保育機関で一切のルールや規則を排除すれば、1日たりとも機関を維持することはできない。自由と多様性を教育・保育現場において担保しようとするなら、ルールや規則は同時に必要不可欠なのである。「学校音楽は楽しく自由であって欲しい」。それは誰もが願うことである。しかし楽しさや自由は、無秩序とは異なる。本書で学習して教員や保育者になっていくであろう読者諸氏はぜひ、覚えていてほしい。ルールや規則があるからこそ、音楽の楽しさや自由が生まれるのだということを。

　最後に、本書の出版にあたって、ご協力頂いたすべての人々に、深い感謝の意を表する。また、私の人生を支えてくれる家族、とりわけ妻と娘、そして両親に、本書の完成を報告できることが、私にとって大きな喜びであることも付け加えておきたい。

2024年1月

長友　洋喜

■著者紹介

長友 洋喜（ながとも ひろき）

　宮崎県宮崎市生まれ。2005 年東京大学卒業。同大学大学院博士後期課程修了。音楽教育史の論文で博士（教育学）を取得。

　幼少期にピアノ、高校在学中に声楽を始め、声楽は古田豊、藤原俊輔、桂光廣、志田桂子、ピアノは前田美穂子、日高俊子の各氏に指導を受ける。東京国際芸術協会新人演奏会オーディション合格（審査員特別賞）、ムジカ・サンタンジェロ新人演奏会オーディション合格（奨励賞）、全日本国際芸術家協会第 3 回国際音楽コンクール入賞（奨励賞）など多数。音楽科と英語科において、中学校・高等学校教育職員一種免許状を取得。

　東京大学教育学研究員、埼玉県内の私立中学校・高等学校教員、千葉県内の短期大学専任講師などを経て、2018 年 4 月より安田女子大学教育学部専任講師。音楽関連の授業を担当する傍ら、ソロリサイタルの開催やコンサート出演など、精力的に声楽演奏活動を行っている。

教員・保育者を目指す人のための音楽理論

2024 年 3 月 9 日 第 1 刷発行

著　者　長友 洋喜
発行者　池田 廣子
発行所　株式会社現代図書
　　　　〒 252-0333　神奈川県相模原市南区東大沼 2-21-4
　　　　TEL　042-765-6462　FAX　042-765-6465
　　　　振替　00200-4-5262
　　　　https://www.gendaitosho.co.jp/
発売元　株式会社星雲社（共同出版社・流通責任出版社）
　　　　〒 112-0005　東京都文京区水道 1-3-30
　　　　TEL　03-3868-3275　FAX　03-3868-6588
印刷・製本　株式会社アルキャスト